日本語肯定論

――〈否定〉から〈肯定〉への意識改革

クライテリオン叢書

津田幸男

啓文社書房

まえがき

本書は、日本語のすばらしさに焦点を当てることにより、日本人が日本語のすばらしさに気づき、日本語に誇りと自信と強い「自己肯定感」を打ち立てることを目的とするものであります。日本を力強く存続発展させるためはもちろんのこと、世界を今よりも平和で幸福なところに導いていくためにも、日本人が日本語への誇りと自信と強い「自己肯定感」を持つことは必須の要件です。

日本語には多くの魅力と可能性と独自性がある

本書は『日本語肯定論』という書名に表れていますように、「肯定」がキーワードで、「日本語を肯定する」～つまり、「日本語のすばらしさに気づくこと」を提唱するものです。日本語には外国語にはない「魅力」「可能性」そして「独自性」があり、世界平和に貢献するような特質が豊富に存在することを明らかにし、日本人の日本語に対する「肯定的意識」を育もうとするものです。

「日本語の魅力」の例をひとつ挙げるとすると、「和」ということばがあります。「和の思想」は聖徳太子の「十七条憲法」にありますように、日本人の生き方の根本であり社会の運営の原理でもあります。これにより、日本は調和のとれた国を成立させてきたのです。この「和の思想」がこれからの世界の国々の根本原理として普及して行くならば、世界平和も夢ではないのです。

また、「もったいない」という日本語もすでに世界に広まり、環境保護に貢献しています。さらに、日本語には「敬語」が豊富です。「敬語」とは「人を敬う言葉」です。「敬語」の豊富な日本語は、日本はもちろん世界の平和と安定に必ず貢献できます。

また、本書では、日本語と英語を比較して、日本語の方が「国際共通語」としてよりふさわしいと論じています（第二章参照）。

このように、少し考えただけでも、日本語には豊富な「魅力」「可能性」そして「独自性」があるのです。ですから、日本人は日本語に大きな誇りと自信を持っていいのです。

日本人はなぜ日本語を肯定的に見ないのか？

ところが、現在の日本人は果たして日本語を誇りある言語と思っているでしょうか？

残念ながら、そうとはいえません。

日本語ばかりか、日本と日本人に対しても、「否定的意識」を持つ人が多数です。

なぜこうなってしまったのか？

それにはいくつかの理由があります。

まず第一に、日本人の国民性です。日本では昔から「謙虚」「謙遜」は美徳であり、自分を低くしてあまり自己主張しない慣習があり、それは今でも続いています。たとえば、人に贈り物をあげるときにも、「つまらないものですが」と謙遜するのが礼儀になっています。

これが極端になると、「自己卑下」することになります。このような伝統的慣習が、日本人を、自文化、自国語に対して肯定的に見ることを妨げていると考えられます。

第二の理由は、歴史的な要因です。十九世紀の半ばにアメリカをはじめとする欧米諸国により侵略されて以来、彼らの強大な軍事力と政治力、経済力により、日本人は自分たちの弱さを痛感させられ、それにより強烈な「欧米崇拝」と同時に「欧米コンプレックス」を持ってしまったのです。それは、その後のアメリカとの戦争の敗北により、さらに悪化したのです。今でも、日本は軍事的、政治的にアメリカに支配されているので、この「欧米崇拝・コンプレックス」はいまだに根強く残っています。この影響で、日本人は英語と比べて日本語を低く見る傾向がかなり強くあります。英語はとにかく「国際語」で上等な言語であり、日本でしか通じない日本語を低く見る人が多いのではないでしょうか。

第三の理由は、現在の日本が「英語偏重」の国になっているという点です。これが日本人の日本語に対する見方に大きな影響を与えています。現在は、学校でも職場でもそしてマスコミでも「英語偏重」が現実です。それにより、「英語が大事だ」という価値観が広がり、相対的に、日本語への関心や注目が薄くなっています。つまり、「英語偏重」により「日本語軽視」になっているのです。それは大学教育を見ればはっきりとわかります。大学教育では、ほとんどの大学で英語が必修なのに、国語である日本語は科目すら設定されてない大学がほとんどです。教育において、日本語が軽視されているのです。このような教育を受けている日本人が日本語を軽視するのは当たり前です。

さらに、日本人をして日本語を否定的に見させてしまう要因としてマスコミと学者が挙げられます。これは本書でも取り上げますが、今の日本は「英語の氾濫」状態です。この元凶は間違いなくマスコミです。番組名にしても英語のものが多く、「外来語」「カタカナ語」がテレビにも新聞にも溢れています。そして、それに乗じるかのように多くの学者はこれ見よがしに「外来語」を使っています。特にインターネットが普及して以来、「外来語」が急増し、溢れている状況です。いいかえれば、日本語の中に英語が侵略しているのであり、このような「英語の氾濫」を許してしまっている多くの日本人は日本語に誇りを持っているとは言えないのです。

数百年後、世界にはたったひとつの言語しか存在しなくなる

そして、最後ですが最も重要な理由は、「グローバリズム」の影響です。これは第三の理由とかかわりますが、そもそも日本が「英語偏重社会」になってしまったのは、「グローバリズム」が原因しています。「グローバリズム」とは、世界各国の国境や制度やシステムをすべて一元化して世界統一の「新世界秩序」を作ろうとする動きです。これが進んでいくと、世界は画一化、均質化されていき、各国の独自性と固有性が消滅していきます。

それは、言語にも当てはまり、数百年後には、世界にはたった一つの言語しか残らないであろうと予言する言語学者もいるほどです。

『言語の興亡』（岩波新書、二〇〇一、大角翠訳）の著者でオーストラリアの言語学者R・M・W・ディクソン氏です。ディクソン氏は次のように言っています。

『もし世界が現在の流れを取り続けるなら、**将来は「一つの国家に一つの言語」という状態さえ望めなくなっているかもしれない。**グローバリゼーションは進んでいる。（中

略）今の状況がこのまま変わらないとすれば、（中略）**最も大きな威信を持った、単一の世界言語が残っているだけの状態となってしまうだろう。**そうなるには数百年かかるだろうが、それが我々が向かっている究極の状態なのだ。』

（ディクソン、二〇六頁）（注：太字は筆者による）

今、世界中を席巻している「グローバリズム」を押しとどめることは至難の業です。私たちは「グローバリズム」の勢いにただ従わなければならないのでしょうか。このまま行けば、「日本語のない世界」の到来は避けられないでしょう。しかし、何とかしなければなりません。

「日本語肯定精神」が日本と日本語を守る

このように、様々な理由により、日本人は、本来ならば誇りと自信を持っていいはずの自国語である日本語に「否定的」な見方をしているのが現状です。

それでは、この現状に対して何をしたらよいのか？

その一つの対応策として、本書で提案しているのが、「意識改革」です。つまり、「日本語を肯定する」ことです。もう今までのように、日本語を「軽視」したり、「否定」するのではなく、「肯定」することを提案しています。日本人の日本語に対する見方を、「否定」から「肯定」に変えるのです。

「グローバリズム」の勢いは簡単には止められません。けれども、私たちの意識を変えることはできます。私たちの意識を「否定」から「肯定」に変えることにより、日本人全体が「前向き」になり、「元気が出て」、「やる気」がみなぎって来るでしょう。そうすると、日本全体の雰囲気が良くなり、明るくなるはずです。

ですから、「意識改革」がとても大事ですし、「肯定的な意識」が広がれば、それがエネルギーとなり、「国力」になります。

「日本語なんて、英語と比べたら、取るに足らない言語だ」、と思うのではなく、「日本語って魅力あふれるすばらしい言語だ」と、多くの日本人が思ったら、その肯定的な意識は必ず「力」と「エネルギー」になり、日本を良い方向に導いていくに違いありません。

本書第四章のタイトルは「日本語は日本を守る防波堤」ですが、このことに多くの日本人が気づくことが、すなわち「日本を守る」ことにつながります。詳しくは第四章を読んでいただきたいのですが、本当に「日本は日本語に守られている」のです。日本語が「防波堤」となって、日本を外国から守っているのです。日本語こそは「日本の国防の基盤」といえます。それゆえ、日本人が日本語に「否定的意識」を持っていたら、日本の「国の守り」は弱くなってしまいます。日本人はみな日本語に対して誇りと自信を持ち、強い「日本語肯定精神」をもっていれば、日本の安全保障の基盤は盤石といえます。

それが現状では、日本人は英語へのコンプレックスが強くなっているがために、日本人は自分が日本人であることさえ「肯定的」になれないのです。

「ああ、日本人に生まれたから、英語ができないんだ」

このように、「日本人」としての自己を否定してしまうのです。これではいけません。日本人がみなこのように思ったら、日本の消滅は避けられないでしょう。

しかし、「グローバリズム」はそう思わせるほどに勢いがあります。そしてその勢いは日に日に強くなっているのです。

私たちは、その勢いにひるまずに、「日本語肯定精神」をしっかりと心の中に打ち立てなければならないのです。

「日本の危機」を乗り越えるために必要な日本人の「覚醒」

本書を読めば読者はきっと「日本語は世界平和に貢献する」「日本語はこんなすばらしいのだ」と感じるに違いありません。それにより、日本人は日本語に誇りと自信と愛着を持つことができます。つまり、日本語ひいては日本全体に対する「自己肯定感」を持てることになります。その「自己肯定感」は、明治維新以来日本人が持ち続けてきた「自己否定感」～欧米が「主」で日本が「従」だという意識～をくつがえすことができるのです。この「自己肯定感」を獲得することにより日本は本当の意味で「日本を取り戻す」ことができるのです。

さらに、戦後七十八年もの間、日本は軍事的、政治的にアメリカに支配されてきました。そして最近は中国の日本への「静かなる侵略」～たとえば、不動産や土地の大量買収、中国人移民の急増等～も進行していて、日本はまさに存亡の危機に直面しています。

この「日本の危機」を乗り越えるためには、日本人が「覚醒」しなければなりません。「覚醒」とは、どういうことなのか。三つの要素があります。

第一に、日本人が日本人としての強い「自己肯定感」を持つことです。日本語、日本文化、日本を肯定することです。

第二に、日本と日本語を守るという強い意志を持つことです。ひとことで言えば、「日本語愛」、つまり「日本語肯定精神」を持つということです。

第三に、グローバル化に流されない「日本人としての強いアイデンティティ意識」を持つことです。個々の文化を破壊する全体主義的なグローバリズムの危険性に気付くことです。

この「覚醒」を促すのが本書の目的です。

現在コロナ・パンデミックという災厄により、日本人はやや疲れ気味ですが、こういう時に最も大事なのは、私たちの原点である日本語と日本文化に立ち返ることです。「グローバル化」に流され英語に走るのは誤りです。日本人の原点であり魂である日本語から離れてはいけないのです。日本語なくしては日本も日本人もあり得ないのです。

日本人一人一人が、日本語に誇りと自信を持ち、強い「自己肯定感」を持つこと、それが日本を守ることにつながるのです。それが日本の「安全保障」につながるのです。さらに、日本の真の「自主独立」につながるのです。

私は長年「英語支配」がもたらすコミュニケーションの不平等の問題に取り組んできましたが、二〇一一年に出版した『日本語防衛論』（小学館）以来、「英語支配」を批判するだけでなく、日本語をより深く知り、そして守ること、さらに世界に広めることの大切さを訴えてきました。

現代は「グローバル化の時代」といわれていますが、であるからこそ、逆に私たちは私たちの原点である「日本語」「日本文化」「日本精神」に立脚しなければならないのです。

本書の構成について

本書は二〇一四年以降の著者の三つの講演に三本の論考を加え、二部構成・六章立てとなっています。

第一部「すばらしい日本語と日本の『精神文化』〜その魅力と可能性」では、「日本語の五つの魅力」「国際共通語としての可能性」「日本の精神文化を世界に伝える」を論じています。また、第二部では「日本語をいかに守るか〜ことばの安全保障論」と題して、「日本語を守るために何をすべきか」に焦点を当てて論じ、「日本語は日本を守る防波堤」であると同時に、日本語を守ることの大切さを訴えています。

本書はそのタイトルが示している通り、日本人が日本と日本語に対して、「前向きで肯定的な意識」を持つことを提案しています。多くの日本人がこの「肯定感」を持てば、日本と日本語が亡びることは決してないと確信しています。なぜなら、この世界は、私たちが何を考え何を思うかにかかっているからです。日本の未来について、「前向きに」「肯定的に」考える人々が増えることを願っております。

また、「講演」の章と「論考」の章が混在しておりますので、その点を頭に入れてお読みいただければ幸いです。「講演」の章は「ですます」調で、「論文」の章は「である」調で表記しております。「講演」の章は、「語り口調」をそのまま残してあります。

一般読者はもちろんのこと、特に、国語、日本語、外国語などことばの教育に携わっている方々に是非読んでいただき、多くの方々が日本語への「肯定的意識」を持つことの大切さに気づいてくださることを願っております。

令和五年一月

著者

引用文献

津田幸男（二〇一一）『日本語防衛論』（小学館）

R・M・W・ディクソン（二〇〇一）『言語の興亡』（大角翠訳）（岩波新書）

日本語肯定論——〈否定〉から〈肯定〉への意識改革

◆目次

第二部　「日本語をいかに守るか〜ことばの安全保障論」

第一部

「すばらしい日本語と日本の『精神文化』
～その魅力と可能性」

第一章　日本語肯定論
～日本語の五つの魅力

第一章はじめに～否定から肯定へ

本章の目的は、日本語の持つさまざまな魅力を紹介し、日本語の肯定的な自画像を提示することにある。

一九世紀半ばの明治維新以来、日本人は「欧米コンプレックス」とそれに伴う「欧米崇拝」に陥り、日本語、日本文化、日本人を否定的に見なし、低く見てきた。現在でも程度の差こそあれ、「欧米コンプレックス・崇拝」はあり、それは日常生活において英語が氾濫している現象に現れている。さらに、日本政府は「グローバル化」を大義名分として、小学校での英語教育の導入をはじめとした英語教育振興政策を実施しており、「英語支配」が広がっている。

こういう現状において、国語である日本語への関心は高まるはずもない。それどころか、

「英語支配」を前にして、「日本語は亡びるのではないか」という警告が出るほどである（水村、二〇〇八年）。このように、グローバル化の荒波にのまれて、日本語はその存亡さえ危ぶまれているのである。

このような「日本語の危機の時代」にあって必要なのは「日本語に対する肯定的な意識」を育むことである。「欧米コンプレックス・崇拝」に縛られて、日本語を否定的に見るのではなく、肯定的に見る「言語意識」が必要である。それは「日本語の危機」を回避するために必要であり、「日本語の存続と発展」のためにも必要なのである。つまり、「日本語の存続と発展」のためには、日本人の日本語に対する意識と態度を「否定」から「肯定」へと大きく一八〇度転換させる「意識改革」を起こさなければならないのである。「意識改革」を起こすには、これから数多くの「日本語肯定論」を提示しなければならない。

一．日本語の魅力

そこで本章では、日本語の、ことばとしての五つの魅力について論じる。日本語のさまざまな魅力に注目することにより、日本語への「肯定的意識」を醸成しようというのが本章の狙いである。ただしこの論考は、筆者の限られた読書の中で巡り合った言語学者、作家、ジャーナリスト等の証言を基にしているので、かなり限定的なものであることを前もってご理解いただきたい。

二、日本語は美しい

はじめに、『ことばの世界』（講談社、一九七九）の著者で、アメリカの言語学者であるマリオ・ペイ氏に登場いただく。

ペイ氏は、「母音は子音よりも発声器官に引っかかったり無理を与えることが少ない。だから、母音の多いことばが美しい印象を与えるのである」（七二頁）と述べている。

たしかに「あ」「い」「う」「え」「お」の母音は舌や唇でさえぎられることのない「開放音」なので、音ににごりがなく、したがって、美しく聞こえると考えられる。

さらにペイ氏は、美しい響きのある言語としてイタリア語、スペイン語、日本語を挙げ、次のように指摘している。

『イタリア語、スペイン語、日本語など、大部分のシラブルが母音で終わることばは、シラブルが子音または子音の集合で終わることばよりも、耳に快い印象を与えるのが通

■表１　主要な国語の母音の頻度数

日本語		英　語		フランス語		イタリア語		ドイツ語		ロシア語	
ɑ	15.96	∂	4.63	a	7.844	ɑ	8.940	∂	8.567	a	9.997
o	12.00	l	4.42	i	5.337	e	8.800	l	4.256	ə	9.664
i	10.50	i	4.11	e	4.955	o	7.235	ɑ	3.963	l	5.237
e	5.76	æ	3.50	ε	4.530	i	7.190	ε	3.476	o	3.963
u	5.57	e	3.44	ə	2.827	ε	1.244	u	2.179	u	3.410
		(cf ɑ 0.02)									

※各国語の短い母音を多い順に、5位までとったものの%
出典：金田一春彦『日本語の特質』(NHK出版、1991年) 63頁
(大西雅雄「母音頻度に見たる十カ国語の発音基底」からの抄録。『音声の研究』より)

例である。』　（ペイ、七三頁）

もちろんここでの「美しさ」は「音声」に限定されるが、母音の多い日本語が美しい印象を与える言語であると知ることは日本人として大変うれしい。しかも、これにより、日本語への肯定的意識が培われることになる。

日本の言語学者の証言も紹介しよう。『日本語（上下）』の著者金田一春彦氏もペイ氏と同様に日本語の美しさを指摘している。

金田一氏はまず、五つの母音のうちで、「あ」と「お」が一番きれいな音であると言う。そして、主要言語の母音頻度を調べた研究（表1参照。金田一、一九九一より引用）を取り上げて、それによると、日本語ではほかの言語と比べても、「あ」「お」の母音が使われる頻度が最も上位であると指摘し、

『そうすると日本語は世界の諸言語の中でも、すばらしいきれいな言語ではないか。』
（金田一、一九八八、一〇二－一〇三頁）

と結論づけている。

ただ、「もっとも、日本人が話をしているのを聞いた感じはあまり美しい感じを受けない。……これは、日本人の発声が悪いのであろう」（一〇三頁）と付け加えている。日本人が日本語の美しさを自覚していれば、もっと美しい発声を心がけるのだろうと思うと、とても惜しい気がする。

ＡＩ開発や脳とことばの研究者である黒川伊保子氏は『日本語はなぜ美しいのか』（二〇〇七）で、ペイ氏と金田一氏同様に、「日本語は母音を多用する言語」であるとし、日本人の母語である日本語は日本の風土と不可分で、それが日本人の「情感」を作り、人間らしさの基盤を作るので、日本人は自ずと「日本語は美しい」と感ずるものだと次のように言う。

『日本語は美しい。
日本の風土で、日本語の使い手である母に抱かれて育った者には、日本語は美しいと感じられる。これは、ごく自然のなりゆきである。』

（黒川、二八頁）

つまり、「母語」を美しいと感ずるのは自然のことなのである。それゆえに、「母語の基礎が形成される三歳までは、母親（主たる保育者）との母語コミュニケーションを最優先すべきである」（五五頁）と主張している。

しかし、現実を見ると、「英語支配」は世界を席巻し、日本人も「日本という風土で培われなかった言語」（つまり、英語）を使わざるを得なくなりつつあり、それに呼応するかのように、子供に早くから英語を学ばせる母親が多いことを嘆き、黒川氏は次のように言う。

『「子供が英語ぺらぺらなら、すごくカッコイイ」と思っている母親たちがたくさんいる。英語を母語とする人が家族にいるわけでもないのに、早くから英語を介入させて子どもの脳の母語形成を気楽に破壊している親がいるのだ。

（中略）

だから、日本語は美しいと賛美されなくてはならない、と私は思うのだ。』

（黒川、三七頁）（太字表記は筆者による）

英語に安易に流されてしまう人が多い中、「日本語の美しさ」をしっかりと認識し、子供たちの「母語形成」をしっかり行うことの大切さを黒川氏は真剣に訴えている。であるから、「日本語は美しい」と日本人の間で強調しなければならないのである。つまり、「日本語は美しいのだ！」と唱えて、「日本語肯定推進」の意識を高めるべきだと黒川氏は主張している。

次に、日本語教育が専門の元筑波大学教授一二三朋子氏は、留学生に日本語で好きな言葉、美しいことばを聞いてみた結果、次のような言葉が出てきたと報告している（一二三、二〇一六）。

『おはよう／春／太陽／さようなら／涙／懐かしい／紫／五月雨／涙雨／夕陽／瞳／優しさ／おぼろげ／ほのか／たそがれ／曙／暁／花筏／さえずる』（一二三、一三頁）

金田一氏が指摘していたように、やはり母音「あ」と「お」を含むことばが多い。一二三氏は、「単に音としてだけではなく、そこから喚起される情景や想い出が伴って『美しい』という感覚につながるのでしょうか」（一三頁）と問いかけ、日本語の音声だけでなく、言葉自体が「美」を想起させるものであることをほのめかしている。

それと、ついでながら、日本語が専門ではない筆者の見解も述べさせていただく。

これは私の好みも入っているが、私は、俳句の五七五と和歌の五七五七七のリズムに日本語の美しさを感じる。

たとえば、

しずかさや　岩にしみ入る　蝉の声

そして、

ふるさとは　遠くにありて　想ふもの（これは俳句ではありませんが……）

また、

春は花　夏ホトトギス　秋は月
冬雪さえて　冷《すず》しかりけり

それに本書の第四章のタイトルでもあるが、

日本語は　日本を守る　防波堤

これは本書の主張でもある。五七五はこのように調子のよいリズムを作り、何かスローガンを表すときにも使える。五七五のリズムは覚えやすいという特徴もある。それぞれの歌の美しさはもちろんのこと、五七五、五七五七七のリズムがなんとも言えない心地よさをもたらしてくれる。この「型」と「リズム」そのものが「美しさ」になっていると私は感じている。五七五と五七五七七という「型」と「リズム」が美しい日本語を生み出している。

わずか五人の証言では「日本語は美しい」と断定できないが、日本語の音声の特徴を中心に、その美しさを肯定する意見を紹介した。

それぞれの言語は、それぞれの人々にとって「美しい」ものである。ある言語が「美しい」かどうかを客観的に証明することは、なかなか難しいものである。しかし、それぞれの言語が存続するためには、脳とことばの研究者の黒川伊保子氏が言っているように、「その言語は美しい！」と意識的に強調しなければならないのだ。

三．日本語は平和的である

次に「日本語は平和的であるか」について論ずる。「平和的」とは「非攻撃的で、穏やか」ということで、そうした特質が日本語にあると主張する意見をいくつか紹介する。

はじめに、『日本語が世界を平和にするこれだけの理由』（二〇一四）を出版している金谷武洋氏にご登場願う。金谷氏はカナダのモントリオール大学で日本語を二五年教えた経験を踏まえて、「日本語は平和的な言語である」と主張している。

この本で、金谷氏は、二五年間カナダ人に日本語を教えた経験を基に、まず次のようなカナダ人学生たちの「変化」を報告している。

『ほとんどの学生が優しくなります。なんと日本語を話して日本で生活していると本人も気がつかないうちに「性格が変わってしまう」のです。話し方も変わります。声が変わり、静かな声で話をするようになります。つまり攻撃的な性格が姿を消します。』

（金谷、一九七―一九八頁）

日本語を学ぶとカナダ人学生たちが「優しくなり」「静かになり」そして「攻撃性がなくなる」と言う。まさに、**日本語には「人を穏やかにする力」つまり「平和的特質」がある**のだろうと金谷氏は言う。二五年間もカナダ人を教えてきて、多くの学生たちを観察してきた言語学者の見解にまず間違いはないだろう。

そして、金谷氏は次のように結論づける。

『少なくとも私が学習して知っている10を越える言葉の中で、日本語は最も**平和志向のロマンチックで幸せな、美しい言葉**だと自信を持って言うことができます。』

（金谷、二二二頁）

日本人にとってはとてもうれしい言葉だ。日本語に誇りを持てない人にとってもうれしい言葉である。日本語はこんなにすばらしい言葉だったのかと驚いた人も多いのではないだろうか。このような結論に至った理由について、金谷氏は『日本語が世界を平和にするこれだけの理由』で詳しく論じている。

四. 世界を平和にする日本語の四つの特質

この本で金谷氏は、日本語には世界を平和にするような特質があることを明らかにしているが、それは次の四つの点にまとめることができる。

①日本語は静かな言語である

まず、日本語は静かな言語であるということが言える。このことは、骨音響学の研究成果を基にしている。

骨音響学によると、各国語には平均的な周波数があり、日本語は一二五～一五〇〇ヘルツと最も低い。ところが、英語は二〇〇〇～一五〇〇〇ヘルツと極めて高い周波数を示している。また、中国語は五〇〇～三〇〇〇ヘルツで、日本語と英語の中間ぐらいの周波数だ。これらの数字を見る限り、英語と中国語に比べ、日本語は大変静かな言語であると言える。

②日本語は自我を抑制して対立回避を図る言語である

西洋語と違って多くの場合、日本語は主語を必要としない。主語を必ず必要とする西洋語は、「私は」と必ず表現する。その結果、強い「自我」が形成され、それはしばしば対立の原因となる。

一方、主語を必ずしも必要としない日本語は、「私は」と自己主張することが少ないので、強い「自我」が作られず、そのおかげで、対立も少なくなると考えられる。このように、日本語は「自我抑制的な言語」であるので、対立が起こりにくくなっていると言える。

③日本語は共感を大事にする言語である

日本語は、自分のことを「私」とはっきり言ったり、相手のことを「あなた」とはっきり言ったりすることはめったにない。たとえば、日本語では「私はあなたを愛しています」とは言わない。ただ「好きです」というだけである。

英語のように、「私」「あなた」と言うと、二人の人間が全く別で、関係のない「自己」と「他者」という切り離された他人のような雰囲気になる。日本語は「他者」との共感・一体感を大事にする言語なので、「私」「あなた」とはっきり言わずにいるのである。「自他一体」になろうとする「共感」の姿勢が日本語の中に組み込まれているのだ。

④日本語は自然中心の言語である

改めて思い出してみると、日本語には「自然」にまつわることばが豊富にある。人名をとってみても、「山田」「小川」「小林」「森」といった具合に自然が取り入れられている。「日本人の苗字は「祖先はどこに住んでいたか」に注目」（金谷、五〇頁）すると金谷氏は言っており、それは「田」や「川」や「森」という「自然」を指している。

また、日本の駅名はほとんどが地名から取っているものだが、西洋では人名が付けられることが多い。さらに、道や通りの名前も、西洋では人名がしばしば付けられるが、日本では地名が付けられることが多く、人名が付けられることはまれである。

このような例から、日本語とそれを育んだ日本文化には「自然中心」の思想があるといえる。そして、西洋語とその文化には「人間中心」の価値観があることがうかがえる。

これらの議論をまとめると、**日本語は「静かで、非対立的で、共感的で、そして自然中心の言語である」**といえる。一言でまとめれば、日本語は**「平和的な言語」**といってもいいのではないだろうか。

こういう特質を持った言語がもし「国際共通語」になったら、世界はもっと平和になるのではないだろうか。実際、金谷氏が言うように、日本語を学んだカナダ人の多くは「穏やか」になった。日本語の「世界を平和にする力」を試す時代がもう来ている気がする。

五．鈴木孝夫著『日本の感性が世界を変える』～「世界の日本化」が起きている

鈴木孝夫氏は日本を代表する国際的にも有名な言語社会学者で、慶應義塾大学名誉教授でもある。二〇一四年に鈴木氏は『日本の感性が世界を変える』（新潮選書）を出版した。この著書で、鈴木氏は、環境問題、エネルギー問題、人口爆発等の問題で行き詰まりを見せている人類の「救世主」となるのが日本であり、特にその言語と文化が世界平和に大きく貢献する可能性があると主張している。

なぜこのような主張ができるのかというと、鈴木氏によれば、日本語と日本文化には「**平和的特質**」があるからだと言うのだ。すでに紹介した金谷氏とほぼ同じ考えである。

このことを説明するのに、鈴木氏は「**タタミゼ効果**」という言葉を使っている。「タタミゼ」とはフランス語で、日本語の「タタミ（畳）」から作られた言葉である。その意味は「日本かぶれする」「日本びいきになる」というものだ。つまり、日本に行ったフランス人がすっかり日本が好きになった様子を表す言葉である。きっと日本が好きになったフランス人の中には、「タタミ」の生活を始めた人もいたのだろう。

このような新しいフランス語の出現に着目して、鈴木氏は、日本語と日本文化には外国人を変える力があるのだと考え、それを「タタミゼ効果」と名付けた。

この本の中で、鈴木氏は数多くの「タタミゼ効果」の例を挙げている。そのうちのいくつかを紹介しよう。

六．日本語と日本文化で「日本化」した外国人たち

①日本語を話すたびに礼儀正しくなったと感じたアメリカ人

このアメリカ人は学者で、日本語をアメリカにいるときに学び、そのときの自分の意識の変化について、次のように告白している。

『ところが、日本語を話すたびに、自分はこんなにも礼儀正しい人間になれるものかと、自分で驚いてしまう。こういうことは、英語を話すときは一度も感じたことはない。』

（鈴木、五五頁）

日本人なら誰でも知っているが、日本語には「敬語」が豊富にある。外国人の中には日本語は「**人を敬う言語**」と名付ける人もいるくらいだ。そのような日本語の特質が、やはり日本語を学ぶ外国人たちにも伝わることは十分に考えられる。

言語学には「サピアとウォーフの仮説」という理論がある。この仮説によると、人間の思考は使っている言語に影響されるものだ、ということである。ゆえに、「人を敬う性質」を持った言語を学んでいると、礼儀正しくなるということは十分に考えられる。日本語には人を礼儀正しくさせる力があると言えるだろう。

②日本に長年住んで、日本語を身につけたら「人当たりの柔らかい人」になったロシア人

このロシア人はロシア大使館職員として日本に七年住んでいたが、自分でも気がつかないうちに「人当たりの柔らかさ」「柔軟な態度」を身につけたので、ロシアに帰ったら、周りの人たちに「日本人になったみたいだ」と言われるほどだった。

このように、日本語と日本文化には「人当たりの柔らかい人」「柔軟な態度」を生み出す力があると考えられる。

③日本に帰るとホッとすると感じる外国人（国籍不明）

日本人には「言葉（声調、音声、物言い）の柔らかさがある。優しい。直接的に言わない。人を押しのけて競争することがない。始まりの時間は厳しいが、終わりの時間は緩やか。」

（鈴木、六五頁）

たしかに日本人は大声では話さない。これは金谷氏も「日本語は静かな言語」と指摘していることからもわかる。そして、誰かを批判するときは「直接的に言わない」というのが日本的コミュニケーションの特徴で、それはしばしば欠点として指摘されてきたのだが、直接的に言わないことを「やさしさ」という長所として感じる外国人がいることは、日本人にとってうれしいことである。実際、日本語を学ぶことによって**「婉曲なコミュニケーション」**を学ぶことができたと感じる外国人もいるのである。

④主語「私」を主張しないことに心地よさを感じるフランス国籍のナイジェリア人

『フランス語ではまず「私」がある。日本語にはそれがない。……（中略）……私が私がを主張しないことは最初は気持ちが悪かったが、全体の中に何となくいることが、ふあ〜として心地よい。』（鈴木、六五頁）

これも金谷氏が言っていることと見事に符合している。金谷氏は、「主語」をしばしば省略する日本語は「対立回避の言語だ」と主張しているが、この外国人も同じことを言っており、しかもそれにとどまらず、「自己主張しないこと」が「心地よい」とまで言っている。日本語と日本文化には、このように人を「心地よくさせる特質」があることを外国人の証言が気づかせてくれる。

鈴木氏はこのほかにも数多くの「タタミゼ効果」の実例を紹介しているが、ここに挙げた例からも、日本語と日本文化に内在する「**人を穏やかにする力**」「**人当たりを柔らかくする力**」「**人を礼儀正しくする力**」はたしかにあるのだ、ということがはっきりとわかる。言い換えれば、日本語と日本文化には人々を、そして「**世界を平和にする潜在力**」があるということだ。

鈴木氏も次のように言っている。


『とりわけ重要なことは、タタミゼ化した当の外国人自身が心地よいと感じ、闘争的対立的感覚が和らいだと感じていることです。私がタタミゼ効果が世界平和に役立つと「夢のような」ことを本気で考えているのは、まさにこうした事実ゆえなのです。』

（鈴木、六六頁）


もちろん、「夢」で終わらせてはいけない。日本語と日本文化には「**世界を平和にする力**」が十分にある。日本語は昨日や今日できた言語ではない。長い歴史がある由緒正しい言語なのである。そして、鈴木氏の著書にあるように、世界の人々を心地よくさせる力を持っていることが立証されている。

ただ、残念なことに、日本人が日本語の実力を正当に評価していない。日本人は、特に明治時代以降、英語やフランス語といった西洋語にコンプレックスを持ってしまい、日本語を低く見る悪い習慣をつけてしまった。

それゆえに、日本人は日本語を肯定的に、そして誇りを持って見ることができなくなっている。まずは、日本人の意識改革が必要だ。今抱いている西洋語コンプレックスを脱却して、日本語を低く見る習慣をやめ、もっと日本語を肯定的に見ることが必要である。日本人が自信と誇りを持って日本語と日本文化を世界に伝え、**世界を「日本化」する**日が近い将来来ることを期待したい。

七．日本語には「ののしりことば」が少ない

次に、ジェームズ・ジョイスの翻訳で知られている翻訳家柳瀬尚紀氏も、「日本語は平和な言語」ということを別の角度から論じている。

柳瀬氏の『日本語は天才である』（二〇〇七）という本では、日本語の柔軟性や融通無碍《ゆうずうむげ》

な側面を賞賛しているが、この本の第三章は「平和なことば・日本語」となっている。そして、その章の中の見出しを見ると、「罵倒語という苦手分野」とあった。

柳瀬氏は以下のように説明する。

『日本語にはもう一つの苦手分野があります。それは侮辱表現、罵倒表現です。日本語という天才をもってしても、発達が遅れている。バリエーションに乏しい。』

（柳瀬、二〇〇七、九一―九二頁）

こう言って、柳瀬氏は、夏目漱石や宮本百合子、太宰治、二葉亭四迷の作品で使われている「罵倒語」表現を紹介しますが、それらはみな、おとなしすぎたり、おかしみがあったりして、「罵倒語」としては不十分であると主張する。太宰治の例を出し、「日本語使いの名手である太宰も侮辱語不足に苛立っているふうです」とも述べている。

そして、結論として、

『罵《のの》りの下手なことを、罵り語をあまり持ち合わせていないことを、日本語は誇りにしていいのではないでしょうか。日本語は天才ですからね、罵りなんて不要なのですよ。』

（柳瀬、九六頁）（ルビは筆者による）

と言い切っている。

「罵倒語が少ない」ということは、日本語はやはり「平和性」が高いということである。それに比べたら、英語には「罵倒語」が豊富にある。豊富どころかありすぎるといえる。アメリカ映画などでも頻繁に出てくる。聞いていて耐えられないときもある。あるとき、あまりにも下品に感じたので、見ていたＤＶＤを日本語の吹き替えに変えてみた。すると、耳障りではなくなり、その後はそのアメリカ映画を最後まで見ることができた。日本語版の方が全体的におとなしくなるし、英語の罵倒語を聞かなくても済むからである。

こんなとき、やはり日本語は「平和的」だと感じる。

さらに、日本語の「平和的特質」を語る証言をもう一つ紹介しよう。

歴史家、美術史家で東北大学名誉教授の田中英道氏は、『日本人を肯定する～近代保守の死』で、「日本語の平和性」について言及している。田中氏は、日本語は争いのない共同体を運営するための優れた言語体系であるとし、次のように指摘している。

『日本語は、人を肯定する言葉の数が否定する言葉をはるかにしのぐのです。そして日本語の敬語と謙譲語の多さは世界に類を見ません。人を罵倒する言葉もはるかに少ないのです。これは言語学的見地から明らかなことです。

西洋には、人に対する暴言や卑語、人々をそしる言葉が非常に多く、一冊の立派な辞書ができるほどです。日本の「馬鹿」や「阿呆」という言葉は実は梵語や中国語なのです。もともと日本語ではありません。

「馬鹿」は馬と鹿のとり違えの話から来た『史記』の故事によっています。日本語に人を馬鹿にする言葉はなかったことになります。』

（田中、二〇一八、二二六頁）

これは非常に貴重な証言である。

日本は、古代から「争いのない共同体」を作ることが理想であったので、自ずと日本語もその理想に沿って、人を肯定する言葉、敬語、謙譲語が多くなったのである。であるから、「日本語は平和的」と主張することは正しいといえる。あるいは逆もまた真なりで、日本語が平和的だったから、争いのない共同体が可能になったともいえる。

それではなぜ西洋では暴言や卑語が多くなったのだろうか。それは、西洋は「争いのない共同体」が理想ではなかったからである。西洋は、激烈な生存競争を古代から繰り返し、闘争と戦争が絶え間なかったからといえる。ゆえに、言葉も他者を支配し、統制するための

「武器」として発達し、他者を罵倒し侮辱する言葉が多くなったのである。

これとは対照的に、江戸時代までは、日本は国際紛争にはほぼ巻き込まれず平和に暮らしてきた。日本語も平和的になって当然なのである。

「平和的言語」である日本語。それとは対照的に「対立的言語」である英語をはじめとした西洋語。このような言語の特質が明らかになると、果たしてどちらが「国際共通語」としてふさわしいか改めて考察してみたくなる。現在、英語は実質的に国際共通語として使われているが、果たして英語のような「対立的特質」を持った言語が世界平和に貢献できるのか疑問を持つ人も少なくないはずだ。

八．日本語は共感志向である

日本語の三つ目の魅力は「共感志向」があるということである。「共感志向」とは文字通り、相手の身になって相手と同じ気持ちになることである。

そもそも古代から日本人は「大和民族」であり、日本は「大和の国」であるので、「和の精神」が根本にある。それは、聖徳太子の有名な言葉〜「和を以て貴しとなす」〜に表れている。この「和の精神」が日本語に映し出され「共感志向」として表れていると考えられる。

心理学の立場からも、日本語は「共感志向」の強い言語であるという見解が出されている。発達心理学者の熊谷高幸氏は『日本語は映像的である』（二〇一一）で、「共同注視」――「二人の視線を調節し、共有の映像を形成しようとする働き」（一〇頁）――という概念を用いて日本語の仕組みを説明している。

熊谷氏によると、日本人は、「共同注視」で共有する映像を作ることにより、共感を生み出そうとする。たとえば、日本人ははっきりと「私」「あなた」と言わないことが頻繁にあるが、それは主語を省略することによって、眼前の対象に注意が集中し、しかも対象を共に見ることにより共感を築くことができるからである。

熊谷氏は、日本語は「共同注視」を最も重視する言語だと言っている。言い換えれば、「共感」を最も重視する言語なのである。

対照的に、英語は「私」「あなた」を多用する分、「私」と「あなた」を分離してしまうので、共感を築きにくい言語である。

繰り返しになるが、すでに紹介したモントリオール大学の言語学者金谷武洋氏はもっと明確に次のように言っている。

『ひとことで言えば、日本語は共感の言葉、英語は自己主張と対立の言葉だというのが私の結論です。日本人は話し手と聞き手の共通点に注目し、英語を母語とする話者は両者の違いに注目すると言ってもいいでしょう。』（金谷、二四頁）

金谷氏は「ありがとう」「おはよう」「はじめまして」という日本語と、「Thank you」「Good morning」「How do you do?」を比較して、日本語表現には人が登場していないことを指摘し、それぞれのことばを「私」が「あなた」に伝えるのではなく、ことばを介して「共感しあう」ことを目的にしていると主張する。この点は、熊谷氏も心理学の「共同注視」という視点から、同様に指摘している。

一方、英語表現は、話し手が聞き手に一方的に伝えるもので、それは「共感」を目的にするものではない。こう分析して、金谷氏は「日本語は共感の言葉、英語は自己主張と対立の言葉」という結論を引き出している。

同様に、異文化コミュニケーション学、日本語教育学が専門で常葉学園大学教授の清ルミ氏も『優しい日本語』（二〇〇七）で、日本語には「思いやり」の表現、「感謝・謙譲」の表現、「繊細な」表現が豊富にあることを指摘している。「思いやり」「感謝」「謙譲」「繊細さ」はどれも他者への「共感」を表すとともに、「共感」を築くものである。

清氏は、たとえば、「思いやり」の日本語として、「お互いさま」「お疲れさま」「ご苦労さま」を、そして、「感謝」の日本語として、「おかげさまで」を挙げている。

どのことばも、相手との「共感」を生み出すものである。これが日本語の「決まり文句」になっているということは、日本では「共感」、すなわち「相手の立場になって」物事を考え行動するということが規範であり、文化であることを示している。

たとえば、「お互いさま」ということば・価値観は、「助け合い」「譲り合い」という「相互扶助」「謙譲・謙遜」「共感」の精神を表しており、社会秩序を保つには大変有効なことば・価値観である。それが、日本語の「決まり文句」として根付いているということは、やはり日本は「共感」を大事にする国なのだということがよくわかる。

日本では、「相手の身になって」という価値観が非常に期待されている。つまり「共感」が重視され求められている社会である。「共感重視」の社会になったのは、日本語に存在する「共同注視」の価値観が影響していると考えることができる。

九．日本語は知的で表現力豊かである

日本語の四つ目の魅力として「知的で表現力豊かである」ということがいえる。

科学ジャーナリストの松尾義之氏は『日本語の科学が世界を変える』（二〇一五）を著し、

日本人が毎年のようにノーベル賞を取るのは、日本語で科学を実践しているからだと主張している。

松尾氏は「日本語の中に、科学を自由自在に理解し表現するための用語・概念・知識・思考法までもが十二分に用意されている」(一四頁)と述べ、日本語が知的で表現力豊かな言語であると指摘し、だからこそ日本人は日本語で科学を実践することが可能なのだと主張している。その結果、日本人は英語で科学する必要がなくなっている。自国語である日本語で十分に科学ができるのである。二〇〇八年に、ノーベル物理学賞を取った益川敏英氏がいい例で、英語を積極的に使わないが、物理学では立派に国際的な業績を挙げたのである。

世界を見ると、自国語で科学を実践している国は数える程しかない。みな英語でしかできないのである。言い換えれば、自国語が科学を実践できるほど発展していないのだ。日本語は知的で表現力豊かな言語だから、科学の言語としての役割を十分に果たしているといえる。

たとえば、松尾氏によると、「物性」という物理学用語があるが、これは「英語には翻訳できない科学用語」であり、しかも日本の物理学では「物性論」という分野があり、東京大学には「物性研究所」があるほどだ(松尾、四〇頁)。つまり、「物性」という日本語でなければ成り立たない分野が存在するということである。

このように、諸外国語にはないような概念を日本語は表現できるのである。まさに知的で表現力豊かな言語と言える。同時に、自国語で科学ができる、学問ができるということが、どれほど大切なことであるかを認識したいものである。

さらに、日本語の表現力の豊かさは科学に限られたものではない。人間の情緒や感情を表現する言語としても大変豊かである。

たとえば、日本語には「擬態語」「擬声語」が豊富にある。「擬態語」は「やれやれ」「がたがた」「どんどん」といったような状態を表すことばであり、「擬声語」は「コケコッコー」「ホーホケキョー」「わんわん」「にゃーにゃー」など動物や鳥や虫の声を真似たことばである。こういうことばが日本語には凄まじく多い。そしてそれが最も重要なキーワードになることが多い。たとえば、「最近どうですか調子は?」と聞かれたとき、多くの人が「ボチボチです」とか「まあまあです」と答えるだろう。簡単な「繰り返しことば」で済んでしまうのである。大変便利である。しかも、この答えにより、相手の仕草や表情や言い回しを加味して、相手の気持ちをおおよそ推察できるのである。

さらに、「擬態語」「擬声語」は話題になっている対象の様子や状態を具体的に表現しているので、まるで絵や写真や動画を見ているような感覚を持つことができる。たとえば、「静かさ」を表すのに「シーンとしていた」はいかにも静かな雰囲気が伝わってくる。夏の暑さを示すのに「太陽がジリジリと照らしている」もわかりやすい。自分の力不足を謙虚に認める「私はまだまだです」もそれだけで言っている人の人柄まで表している。

また、日本語の「擬態語」「擬声語」に対応する英語の「擬態語」「擬声語」がないことが多い。たとえば、「まだまだ」はstillやstill moreとなり、「やれやれ」はfeel relievedといった具合で（いずれも研究社『新和英大辞典・第5版』二〇〇三年による）、英語では説明的になり、日本語の詩的なニュアンスが伝わってこない。

英語にも「擬態語」「擬声語」に当たるものはあるが、私の印象では日本語ほど多くはない。しかも、「擬態語」「擬声語」はあまり知的ではないというような見方が英語国にはあるようだ。教養のある人は多用しないようにしているという印象を私は持っている。

日本では、「擬態語」「擬声語」を低く見る習慣はないように思える。それどころか、メッセージの最も重要な部分に「擬態語」「擬声語」が使われることが多い。ある意味では、日本語を日本語らしくしているのが「擬態語」であり「擬声語」ではないだろうか。

一〇．日本語は「単母音が意味を持つ独特なことば」である

五つ目の日本語の魅力として、「日本語は単母音が意味を持つ独特なことば」であるとい

うことが挙げられる。

この特徴を証明する理論として、角田忠信氏の『日本人の脳』（一九七八）及び『日本語人の脳』（二〇一六）を紹介したい。

角田氏は東京医科歯科大学名誉教授で医学博士、そして専門は耳鼻咽喉科の特に聴覚である。

一九七八年に『日本人の脳』が出版されると、この本は大きな話題となった。私の手元にあるこの本は一九八二年に発行された「第二五版」のもので、科学的で硬い内容のこの種の本が数年間でこれほど増刷されるのは異例のことであった。

本の帯には、新聞や雑誌に掲載された書評の一部が書かれている。一部を紹介すると、

「『日本人とユダヤ人』以来のユニークな日本人論」（日刊ゲンダイ）
「たいへん知的刺激に富んだ稀にみる発見の書である」（週刊朝日）
「日本および日本文化の特殊性を最も基本的なところからとらえたのがこの本」（文藝春秋）
「本書を読む人々は思いもかけなかった方向から、日本人の脳がこんなにまで特殊なものであることを見せつけられ、人生観を一変するに違いない」（自然）

このように、これらの一部の書評を見ただけでも、この本が当時いかに大きなインパクトを与えたかがよくわかる。

それでは、この本のどんな点が大きなインパクトとなったのだろうか？

それは、一言で言えば、この本が、**「日本人は非常に独自性がある」**というメッセージを日本に、そして世界に表明したことにある。

言い換えれば、日本人は世界のほかの民族とは異なる「ユニークな存在」であるということを、「日本人の脳」のユニークな働きを明らかにすることを通して、世界に知らしめたのだ。

一・「ことば」以外の音も「左脳（言語脳）」でキャッチする日本人

それでは、「日本人の脳」はどのような独自の働きをするのだろうか。

それを示しているのが、次頁の図1である。

図1は「日本人と西欧人の言語音、自然音、楽器音の優位性の比較」とあるように、日本人と西欧人が、いろいろな音を聞くときに、それらの音を「左脳」と「右脳」のどちらで受け取るかということを、著者の角田氏は実験で調べた。その結果が図1にまとめられている。

■図1　日本人と西欧人の言語音、自然音、楽器音の優位性の比較

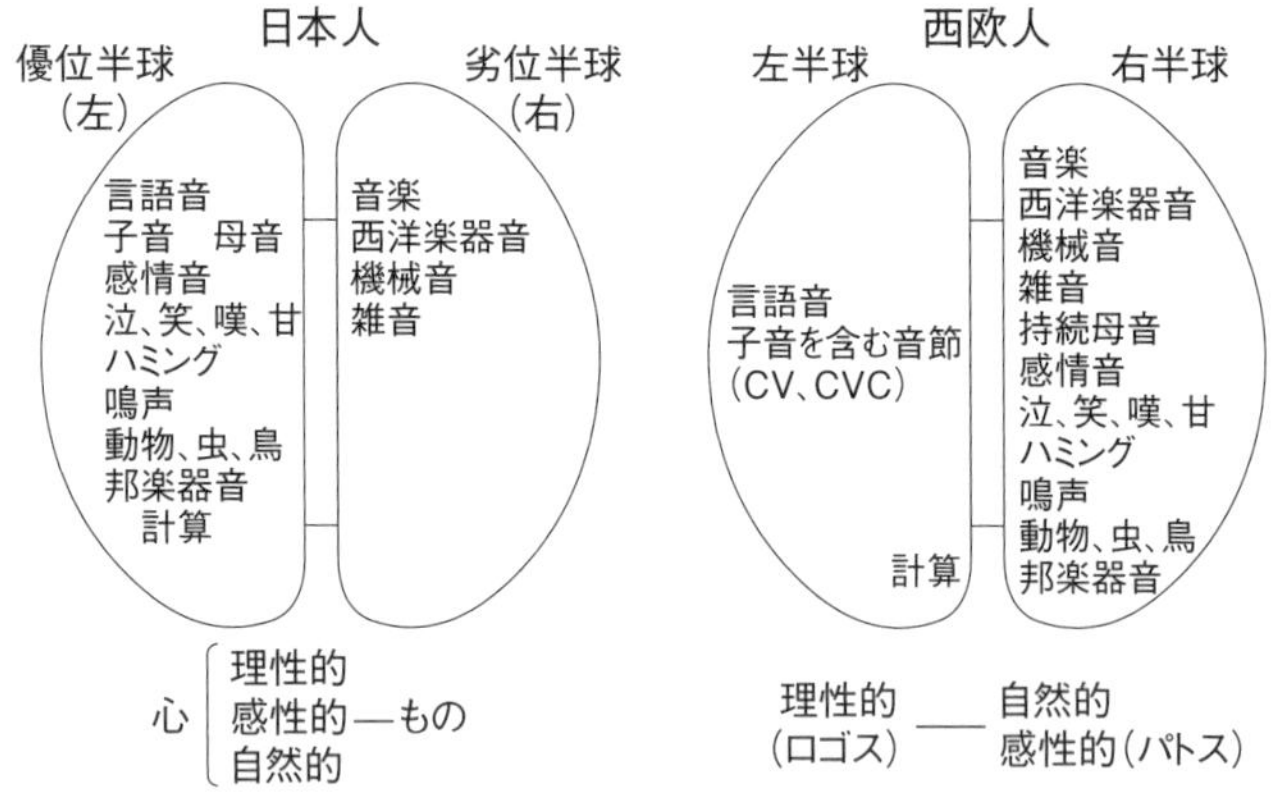

出典：角田忠信（2016）『日本語人の脳』（言叢社）52頁

「左脳」というのは脳の左半球にある脳を指していて、「言語脳」とも言われている。「右脳」というのは脳の右半球の部分を指していて「非言語脳」あるいは「芸術脳」とも言われている。すなわち、人間は「ことば」は「言語脳」である「左脳」でキャッチして、そのほかの音楽や雑音や鳥の鳴き声などは「非言語脳」である「右脳」でキャッチすると考えられていた。

しかし、角田氏の研究は、「日本人の脳」の働きを調べることを通して、その定説を覆したのである。

つまり、日本人は「ことば」ではない音も「左脳」で受け止めていることがわかったのである。図1にあるように、「ことば」ではない「感情音」（泣く、笑う、嘆くなど）、「自然界の音」（動物の鳴き声、虫の音、雨、風、波、小川のせせら

ぎ等)、そして日本の伝統的な邦楽器音(尺八、琵琶、三味線、琴、しょう、しちりき、能管など)(角田、二〇一六、五二頁)も「左脳」でキャッチしている。

すなわち、日本人は「ことば」ではないさまざまな音をまるで「ことば」であるかのごとく左半球の「言語脳」で処理しているのである。

一二.「虫の音」を「ことば」として処理する「日本人の脳」

『日本人の脳』で特に多くの人々の関心を引き起こしたのが、「日本人だけが、虫の音を「左脳」で聞くことができる」という主張だ。

たしかに、角田氏のこの研究の発端も、「虫の音」がからんでいる。そのいきさつを次のように述懐している。

『それはある論文をまとめようと思って一所懸命書いていると、コオロギの音というのは非常にじゃまになったのです。ちっとも集中できないわけです。ところが勉強する三時間ぐらい前に聞いたコオロギの音というのは非常になつかしくて、情緒的にわたしの心を打つような響きがありました。筆がさっぱり進まないのでそれを録音してみようという気になりました。虫の音を検査音として使えるようにして調べますと、コオロギの「コロコロ音」は日本人は全部、母音と同じように言葉を解する左脳の方で聞いてしまうわけです。そこで今度は西洋人を呼んでやりますと、右脳の方にいっちゃうのですね。彼らは雑音を処理する脳の方で聞いている。コオロギの音が日本語の母音と似ていることがわかった途端に、我々の文化と西欧の文化の異質性がここにあったかと直感的にすべてわかったような気がしたのです。あッやっぱり、ヨーロッパ人とは違うんだと。……』

（角田、一九七八、一三七頁）

この角田氏の解説をよく読むと、「日本人が虫の音を左脳で聞く」というのは、「日本語の特質」からきていることがわかる。その「日本語の特質」とは「単母音」が「意味を持つ」ということだ。

たとえば、「い」「え」「お」という単母音がそれぞれ、「胃」「絵」「尾」という意味を成すのが日本語の特質である。そういう特質を持った日本語を使っているのが日本人である。だから、日本人は単母音を聞くと、それを「ことば」として受け止め、意味を感じるのである。そして、「虫の音」は、角田氏によると、「日本語の母音と似ている」ので、日本人が左脳（言語脳）で「虫の音」を受け止められるのは、当たり前のことといえる。

「単母音」を「ことば」として扱う日本語の影響で、「日本人の脳」は「単母音」と似ている「虫の音」を左脳で処理するのだ。鈴虫の声を「リーンリーン」と「ことば」のようにとらえるのは、日本語の特質からきているのである。

そして同時に、古代から日本人は自然を敵視することなく、自然と共生してきたことも影響していると考えられる。「生きとし生けるもの」「山川草木悉皆成仏《さんせんそうもくしっかいじょうぶつ》」の思想が日本人の生き方に根付いているので、「虫の音」を聞いて、しみじみとした気持ちになれるのだ。

それもまた日本人の特徴の一つである。「虫の音」を聞いて、しみじみとした気持ちになるというのは、日本人の「情緒の豊かさ」を表している。

この結果から、「虫の音」を「ことば」として感じる人々と、そうではない人々がいることがわかる。言語の違いはさまざまな違いに通ずることを示している。

角田氏は、アメリカで日本語を教えている日本人研究者が、日本人とアメリカ人の感覚の異質性の例として「虫が鳴く」ことを意識しないアメリカ人学生のいくつかの例があることを紹介して、次のように言っている。

『日本人もアメリカ人も聴覚の感度は変わらない筈であるから、実験的に注意を集中させて虫の音を聴かせればアメリカ人でもそれを日本人と同程度に検知しよう。しかし日常生活の中で虫の音を無意識のうちに言語半球で言語音と同様に処理している日本人と、雑音として劣位半球で処理しているアメリカ人とではその感覚に著しい差が出てこよう。』

（角田、一九七八、八八―八九頁）

「言語の違い」が「脳の働きの違い」となり、それは「感覚の違い」にまで及ぶということだ。念のため断っておくが、これは「虫の音」を「ことば」のように感じる日本人がアメリカ人より優れているということではない。音を聞き取るときの「脳の優位性」が「左脳」か「右脳」かの違いであり、それが「感覚の違い」になっていることを示しているだけである。

さらに加えると、角田氏は「感覚の違い」についても図1で言及している。図1の下の方を見ると、「心」とあって、「理性的・感性的・自然的」と書いてある。これは何を意味するかというと、一言で言えば、日本人は「理性的・感性的・自然的」なものを分けないで、一緒にして処理するということである。

それが、「日本人の心」であることを示唆している一方、西欧人の脳を見ると、「理性的」（ロゴス）と「自然的」「感性的」（パトス）が分かれている。「理性中心」の近代合理主義文明を推し進めてきたのは西欧人だが、そのことと「理性」と「感性」を分ける脳の働きは符合しているといえる。

もちろんここでも日本と西欧のどちらが優れているかを言っているのではなく、「感覚の異質性」を指摘しているだけである。

これを言い換えると、日本は西欧とは「異質」であるからこそ、「独自」であるともいえる。「虫の音」に感銘を受けるのは「日本人の個性」ともいえる。

一三、世界の言語は「日本語・ポリネシア語型」と「その他の言語」に分かれる

さらに、角田氏は、日本人以外のさまざまな外国人を被験者として実験を重ね、日本人と同じ脳の働きを示すのはポリネシア地域の人々のみであるということも、実験を通して突き止めた。

角田氏は、研究の結論として次のようにまとめている。


『①世界の言語は、母音が子音と同様に音節として左半球優位となる日本語とポリネシア語型、西洋諸国語やアジア諸国語のように母音が右半球優位の非言語音として扱われる型に二大別される。』

（角田、二〇一六、三一八頁）

この結論を言い換えると、世界の言語は「母音を左脳で処理する言語」と「母音を右脳で処理する言語」に分類されるということになる。さらに言い換えれば、「母音をことばとして感じる言語」と「母音をことばとして感じない言語」に分けられるということにもなる。これは、私が知る限りでは、今までの「言語類型論」にはなかった言語の類型化の方法であり、またその内容も画期的なものといえる。

「母音をことばとして感じる言語」は少数派のようだ。日本語はその中の一つである。ここに「日本語の独自性」がある。また、ポリネシア語との共通性も興味深い。両者ともに、欧米から地理的に離れていることと関係があるのではないだろうか。

一四．五歳から九歳の言語環境が脳の働きを決定する

さらに、角田氏は研究の第二の結論を次のように述べている。

『②母音の優位性は五歳から九歳までの成長期に母国語として学習した言語によって決定され、人種とは無関係である。九歳以後に学習した言語の影響は受けない。言語の優

位性に関しては、人種差、遺伝差はなく、言語環境によって決定される。』

（角田、二〇一六、三一八頁）

つまり、母音を左脳で受け取るか、右脳で受け取るかは五歳から九歳までに学んだ言語により決定されるということだ。ほとんどの日本人の場合は日本語を学ぶので、「日本語脳」になるのだろうが、いろいろな事情で、五歳から九歳の間に日本語以外の外国語を主に学ぶと、その外国語が脳の働きを決定することになる。

今は「グローバル化」「英語ブーム」の時代なので、みな英語にあこがれ、子供に英語を身につけさせたいと、幼児の頃から英会話教室に通わせる親が少なくないが、日常生活まですべて英語を使うということになると、その影響はなんらかの形で残るのではないだろうか。

言語環境が脳の働きを決定するという興味深い例を、角田氏は二つ紹介している。

一つ目は、ブラジルに住む日系ブラジル人の女性の例で、ほかの日系ブラジル人とは異なり、この女性のみが日本人と同じで、母音を左脳で処理する脳を持っていることがわかった。調べてみると、この女性は幼い頃から徹底した日本語教育を自宅で施されていた。六歳の頃はポルトガル語が理解できないほどだった。ゆえに、ブラジルに住んでいたとしても、日本語の言語環境で育ったので、「日本語脳」になったといえる（角田、一九七八、六〇－六一頁）。

二つ目は、アメリカ人の両親を持ち、日本で生まれ育ったアメリカ人姉妹の例で、この姉妹は幼児期から日本語を使い、両親が英語で話しかけても日本語で答えるという生活を送っていたと言われている。この姉妹を実験すると、二人とも日本人と同じ結果であった（角田、一九七八、三二六―三二九頁）。

この二つの例から言えるのは、やはり幼児期、特に五歳から九歳にかけて、どんな言語環境に置かれているかによって、「日本語脳」になるかどうかが左右されるということである。

今は「グローバル化」の時代だといって、子供を英語漬けにするといった例を耳にするが、果たしてそれが子供にとって良い選択であるかどうか、親が真剣に考えなければならない。

一五．「日本人とは日本語人である」

角田氏の研究は非常に示唆に富んでいて、究極的には「日本人とは何か」という問いへの答えを追求するものである。

一つだけたしかに言えることは、日本人の脳の働き方は「独自性」があり、それは「日本語の独自性」から来ているということだ。つまり、「日本人とは何か」という問いに対しての答えは、「日本人とは日本語人である」ということになるのである。日本人の脳の働きが日本語に基づいているからだ。

現在、日本ではこの日本語が国語として共通語として、全国津々浦々で使われている。だからこそ、日本が、日本文化があり、日本経済が、日本の社会が成り立っているのである。日本は日本語があるからこそ、成り立っているのだ。そのことを教えてくれたのが角田氏の研究である。

角田氏の『日本人の脳』『日本語人の脳』は誠に画期的な研究で、私たちに日本語の大切さを教えてくれる偉大な研究であるといえる。私たちは改めて日本語の大切さをかみしめるべきだ。角田氏は、日本語がある限り日本は存続すると次のように言っている。

『日本が先進国になり得たと共に、日本伝来の特異な文化を維持し得たのは、日本語を高度に発達させた先人の努力と、それを支えた日本の文化の高さにあったのである。この意味で日本人は日本語が続く限り、将来いかなる科学、政治上の変革があったにしても、日本語を原点として、日本人の脳の特徴にマッチした固有の文化は埋没することなく維持することができるものと、私は確信している。』（角田、一九七八、一七四頁）

「日本人とは日本語人である。」「日本人の原点は日本語なのである。」

このことを心に刻んで、私たち日本人は、日本語を守り、さらに発展させ、世界に普及させなければならない。

第一章おわりに

さて、以上のように、日本語には五つの魅力があることを論じてきた。ひょっとしたらこれ以外にも日本語の魅力はあるに違いない。

こうして日本語の魅力を明らかにしてみると、改めて「日本語はすばらしい」と感じることができるのではないだろうか。人間にも長所と短所があるように、ことばにも魅力となるところとそうではないところがあるものだ。今まで日本の知識人は英語などの西洋語と比較して、日本語は劣っていることばかり強調してきたが、こうして、日本語の魅力を明らかにすると、どこに出しても恥ずかしくない堂々とした言語であることがわかってくるものだ。

日本語の魅力に気づき、私たちは大いに日本語を「肯定」していいのである。

引用文献

金谷武洋（二〇一四）『日本語が世界を平和にするこれだけの理由』（飛鳥新社）
金田一春彦（一九八八）『日本語』（新版、上）（岩波新書）
金田一春彦（一九九一）『日本語の特質』（ＮＨＫ出版）
熊谷高幸（二〇一一）『日本語は映像的である～心理学から見えてくる日本語のしくみ』（新曜社）
黒川伊保子（二〇〇七）『日本語はなぜ美しいのか』（集英社新書）
鈴木孝夫（二〇一四）『日本の感性が世界を変える～言語生態学的文明論』（新潮選書）
清ルミ（二〇〇七）『優しい日本語～英語にできない「おかげさま」のこころ』（太陽出版）
田中英道（二〇一八）『日本人を肯定する～近代保守の死』（勉誠出版）
角田忠信（一九七八）『日本人の脳』（大修館書店）
角田忠信（二〇一六）『日本語人の脳～理性・感性・情動、時間と大地の科学』（言叢社）
一二三朋子（二〇一六）「日本語の持つ優しさ・美しさ～外国人に日本語を教えて感じること」『平和言語学研究』第二号、一三一～一二一頁
マリオ・ペイ（一九七九）『ことばの世界・Ⅲ　国際語と未来のことば』（講談社）
松尾義之（二〇一五）『日本語の科学が世界を変える』（筑摩選書）
水村美苗（二〇〇八）『日本語が亡びるとき～英語の世紀の中で』（筑摩書房）
柳瀬尚紀（二〇〇七）『日本語は天才である』（新潮文庫）

第二章　日本語の国際共通語としての可能性

第二章はじめに

現在、英語が実質的に国際共通語になっているが、果たしてそれでいいのだろうか？　英語が国際共通語であると、「非英語国」にとって不便であるばかりでなく、アメリカをはじめとした西洋諸国とほかの国々との「支配－被支配」という不平等な関係が継続し、固定化してしまう。現在の「英語支配」の状態は、世界の言語と文化を圧迫し、差別していることを私は長年指摘してきた（たとえば津田、一九九〇、二〇〇六など）。世界の人々がもっと自由で平等にコミュニケーションできる世界を私たちは作らなければならない。そのためには英語以外の別の選択肢を私たちは模索すべきである。

そこで、本章では英語に代わる選択肢として、日本語を国際共通語として提案するものである。日本人である私が日本語を推薦するのは「身びいき」であることは重々承知している。だが、すでに第一章で見た通り、日本語はとても魅力的な言語である。堂々と世界に出すことができる立派な言語である。世界に向けて日本語の存在価値を示すためにも、この提案をするものである。

とはいっても、闇雲《やみくも》に日本語を推薦するわけではない。本章では、国際共通語の条件を検討していく。

国際共通語になるにはどんな条件があるだろうか。それをまず検討し、日本語がどれだけその条件を満たすのか、英語と比較しながら検証してみたい。

一．国際共通語の条件

国際共通語の条件には大きく分けて、「**言語そのものに関わる条件**」と「**言語以外の条件**」があると考えられる。それぞれ分けて扱い、日本語がそれらの条件を満たしているかを検討していく。

一—一．国際共通語の言語的条件

まず、国際共通語になるための言語そのものに関わる条件を考える。エスペランティストで英語学者の水野義明氏は、国際共通語の条件として次の三つを挙げている（水野、一九九九三)。

一.「中立・無国籍」である
二.言語の仕組みが「合理的」である
三.「容易」に学び使える

私はこの条件に賛成である。さらに、一つ条件を加えたい。それは、

四.「平和的特質」がある

では、それぞれの条件を日本語が満たしているかどうか検討していく。

一―一―一.「中立・無国籍」である~「言語差別」をなくすために

まず、「「中立・無国籍」である」は、英語のような特定の国の言語は不平等と差別の原因となるので、国際共通語としてはふさわしくないという考えからこの条件が作られたのである。「コミュニケーションの平等」を確保するには、国際共通語は「中立・無国籍」でなければならない。

この第一の条件に英語はもちろん日本語も合っていない。この第一の条件は非常に重要なもので、これが守られていない現在の状況はなんともやりきれないものである。英語は国際共通語として正式に認められているわけではなく、法律で決められたものでもない。国際的な慣習により、国際共通語として事実上使われているだけである。このことが極めて深刻な不平等や差別を生み出していることを世界の人々は、特に英語国の人々が気づかなければならない。

ところが、英語国の人々は、世界中の人間が英語を話すのが当たり前だと思っている。そう思うことによって、英語国の人々は、英語を世界中の人間に押し付けていることにさえ気づいていない。彼らは無意識的に「英語を話さ（せ）ない人間」を差別しているのである。

肌の色で差別するのは「人種差別」である。「性」で差別するのは「性差別」である。英語ができるかできないかで差別するのは「言語差別」である。英語が国際共通語である限り、言語差別は世界に広がるだけである。

私は今まさに日本語を国際共通語として推薦しようとしているが、日本語が「中立・無国籍」でないことは重々承知している。であるから、その点を勘案し、日本語が国際共通語として正式に採用されるために次の交換条件を提案する。

一．世界中の日本語教育にかかる費用を日本がすべて負担すること。

二．日本語を教える日本人はすべてボランティアで行い、世界の人々が一銭もかからずに日本語を学べるような体制を作ること。

三．日本語を使ったコミュニケーションが不平等や差別を引き起こさないように最大限の努力をすること。


日本語や英語に限らず、どの言語も国際共通語という重要な地位を与えられたら、このぐらいの財政負担と犠牲は当たり前である。残念ながら、英語国にはそのような動きは見当たらない。それどころか、英語国は英語教育産業を発達させ、巨万の利益を得ているのが現実である。そして、世界の情報を独占し、世界中に一方的に情報を流して、世界中の人々を「マインド・コントロール」しているのである。

一―一―二．言語の仕組みが「合理的」である

次に、国際共通語の第二の言語的条件を論ずる。

「言語の仕組みが「合理的」である」も妥当な条件である。

なぜなら、「一定の規則に従って整然とした体系をなし、例外を許さず、どこの誰でも安

心して使える言語が必要」（水野、一三二頁）だからである。

この条件も大事である。言語が合理的であれば、知的なコミュニケーションを可能にするからであり、国際共通語の重要な条件である。

ただ、日本語や英語のような自然言語は長い歴史を経て一つの言語として成立したので、文法規則や発音や綴りに例外が多いのも事実である。であるから、日本語も英語もこの条件を十分に満たしていない。その規則に全く例外のない自然言語は存在しないので、エスペラントのような人工言語の方がより「合理的」であることは間違いない。

一―一―三．「容易」に学び使える

第三の条件「「容易」に学び使える」も重要な条件である。国際共通語は世界中の人々が学んで使う言語なので、「難しい」言語はふさわしくない。第二の条件で言っているように、例外の少ない規則正しい学びやすい言語が良い。

その点で、「日本語は極めて優れている」、と認めるアメリカ人がいる。ロジャー・パルバース氏は『驚くべき日本語』（二〇一四）を出版し、「日本語は非日本人にとって、話すだけならとてもやさしい言語です」（六五頁）と言い、「日本語は、リンガ・フランカ（共通語）に最も向いている言語の一つなのです」（六四頁）と主張している。

パルバース氏は、「日本語は難しい」というのは単なる「神話」にすぎず、日本語は英語と比べても実際学びやすい言語だと指摘している。

パルバース氏が言う日本語の学びやすさは、次の三つにまとめることができる。

(一) 日本語の動詞の変化は規則的で、語尾変化のみで多様な表現が可能になる。

(例)「食べる」－「食べない」「食べたい」「食べられない」等。

(二) 少ない語彙で多様で微妙な表現が可能である。

(例) 英語だとさまざまな語彙を駆使する表現を、「する」という動詞を変化させるだけで表せる。「する」「するよ」「するかも」「するする」など。

(三) 日本語の膠着性により、柔軟に多様な表現が可能である。つまり、単語の前後、あるいは真ん中にほかの語彙をくっつけて異なる語彙を作り出す。

(例)「言う」にほかの語彙をくっつけると、「言い出す」「言いふらす」「言い返す」「言いかける」等の言葉ができる。

つまり、日本語では少ない語彙で多くのことを表現できるので、多くの語彙を学ぶ必要はないということになる。

これを踏まえ、結論として、パルバース氏は次のように主張している。

『客観的に見ると、日本語は、その柔軟性と、日常的に使う語彙の少なさゆえに多くの外国人にも簡単に使うことができる言語なのです。』（パルバース、一七八頁）

『会話に限れば、日本語は英語よりはるかにやさしい言語です。』（パルバース、一八一頁）

パルバース氏はおよそ五〇年間日本に住み、宮沢賢治の研究と、作品の英語への翻訳を行い、その功績により二〇〇八年に宮沢賢治賞を受賞している。パルバース氏の分析は信頼に値すると言って良い。であるから、ことばの「学びやすさ」という点については、日本語は、英語よりも優れており、国際共通語としての条件を満たしているといえる。

一－一－四．「平和的特質」がある

四つ目の条件として、「「平和的特質」がある」を加えた。これには反対する人もいるだろう。「言語が平和的かどうかなど決められるわけがない」と考える人も多いと思う。

しかし、国際共通語の影響力を考えると、国際共通語になる言語に「「平和的特質」がある」ことは大変重要である。なぜなら国際共通語に「平和的特質」があれば、その特質は必ず世界に広がるからである。言語と思考、言語と精神は密接につながっており、「平和的な」言語を使っていれば、思考も精神も必ず「平和的」になるのである。逆に「暴力的な」言語を使っていれば、人間の思考も精神も暴力的になると考えられる。であるから、どんな言語が国際共通語になるかは大きな問題で、世界平和の実現を考えると、「平和的特質」のある言語が望ましいのである。

国際共通語を設定する最大の目標は平和的な世界の建設である。世界平和に少しでも近づくことを夢見て、私たちは国際共通語を決めるべきなのである。ゆえに、「「平和的特質」がある」という条件を設定するのである。

すでに本書の第一章で述べた通り、日本語には「平和的特質」があるといってほぼ間違いないだろう。詳細についてはここでは繰り返さないが、日本語を学んだ外国人がおしなべて穏やかな人に変わっているという事実が、日本語の「平和的特質」を物語っている。

それでは英語はどうだろう。

その答えとして、第一章で紹介した金谷武洋氏の証言：「ひとことで言えば、日本語は共感の言葉、英語は自己主張と対立の言葉だというのが私の結論です」という言葉を示すだけで十分ではないだろうか。

「平和的特質」に関しては、日本語の方が優れているといえよう。

ここまでのまとめ

それではこれまでの議論をまとめてみよう。

第一の条件「中立・無国籍」は日本語も英語も満たしていない。ただ、日本語については、国際共通語に関わる三つの交換条件を提示し、差別や不平等が起こらないように努力することを約束した。

第二の条件「合理的である」は日本語・英語ともに問題がある。大なり小なり、どの言語にも非合理的な面があるからである。

第三の条件「学びやすさと、使いやすさ」では、話すことについては、英語に比べて日本語はやさしいという証言を得た。

第四の条件「平和的特質」については、日本語が優れていると論じた。

以上の議論により、日本語は国際共通語の言語的条件を英語よりも、より多く満たしており、国際共通語として十分推薦できると考える。

一—二. 国際共通語の言語以外の条件

国際共通語を考えるときに、言語そのものの条件のほかに、言語に付随する、言語以外の条件も考える必要がある。その条件として私は次の二つを提案する。

（一）その言語が国際的に普及しているか

（二）その言語を母国語とする国が平和で繁栄しているか

一—二—一. その言語が国際的に普及しているか

まず、「（一）その言語が国際的に普及しているか」という条件を設定したのは、国際共通語になるからにはすでに世界中の人に認知され、学ばれ、使われているかどうかが現実問題として重要であるからだ。

たしかに、インドネシアの例にあるように、少数民族の言語を国語に採用するという方法はある。これにより、競合している民族間の競争や対立を回避できるからである。この方法を用いて、国際共通語を選択することは可能である。どこかの国の先住民族の言語をいきなり国際共通語として使うのもなかなかロマンチックな試みである。

しかし、果たしてそれらの言語は先端科学の知識を表現するのに十分に知的であるだろうか？　音声的に世界の人々が発音しやすいような、あるいは文法的に学びやすい言語であろうか。このような問題をクリアできれば、少数民族言語や先住民言語を国際共通語にすることに反対はしない。

だが、やはり国際共通語となると世界の人々の支持が必要となる。理想的には世界の人口の過半数が使っている言語なら、その言語は世界の人々から支持を得たということになり、文句なく正式な国際共通語となる。

英語の話者人口は、母語話者が五億人程度、第二言語話者が一〇億人以上と推定される。多く見積もって、二〇億人としても、世界人口の過半数には程遠い。だが、話者人口においては、断然トップの地位を占めている。であるから、英語はこの条件に関してはかなりの程度満たしていると言える。

対照的に、日本語は、国際的普及についてはほとんど進んでいないと言える。日本語学習者の数は世界中でわずか四〇〇万人程度である。英語の普及度に比べたら、まさに「月とスッポン」である。

日本政府は日本語の国際的普及に本腰を入れるべきである。世界各国に日本語が学べる拠点を設け、そこに日本語教師を送り込むべきである。日本語教師をみな国家公務員として生活を保障した上で世界中に派遣するのである。国家公務員になれるということになると、きっと優秀な人材が集まるだろう。

それと、国際共通語を目指すと同時に、もう少し現実的に考えると、さまざまな国際組織や国際会議の公用語や作業語になるために努力することも必要である。少しずつでも日本語が国際的な場で公用語として認知されると、日本語自体の地位が向上するのである。

日本語の国際的な地位向上のための計画と戦略を立てることが急務である。

一-二-二. その言語を母国語とする国が平和で繁栄しているか

次に、「(二) その言語を母国語とする国が平和で繁栄しているか」という条件であるが、この条件を設定した意図は、選ぼうとしている言語が使われている国の現実を把握しておくことは非常に大切であるからだ。会社で、社員を雇うときには、学歴や職歴を調べるようなもので、その言語を生み出した国や民族の現在の状態を理解しておけば、その言語が国際共通語としてふさわしいかどうかが決められるのである。

日本語の生みの親である日本はこの条件をかなりよく満たしていると言える。「世界平和度指数」という調査で、日本は世界第八位（二〇一四年）にランクインしている、「平和度」の高い国だ。治安も今のところ良く、人々はすでに述べたように穏やかで平和志向が強い。しかも、ＧＤＰは世界第三位で、平均寿命は世界一長い。「国家ブランド」ランキングでは、二〇一〇～二〇一七年で、第四～七位を維持しており、安定した評価を得ている。

英語を国語とする英語国～アメリカ、イギリス、カナダ、オーストラリア、ニュージーランド～は、いずれの国も民主主義国家で、経済的に安定しており、平和と繁栄を維持している。ただ、イギリスはかつての「大英帝国」時代に獲得したさまざまな権益を手放そうとしていないし、アメリカは「世界の警察」の構えを以前ほどではないが、まだ保っている。つまり、今まで世界を支配していたので、これからも世界を自分たちの支配下に置こうという思考を持ち続けている。

果たしてこれらの英語国が、自分たちの利益と権益を後回しにして、世界の平和と繁栄のために行動するだろうか。大きな疑問が残る。

しかし、だからといって、これら英語国と世界の覇権をめぐって争っているロシアや中国を支持するわけにはいかない。それはより悪い選択である。

日本の強みは「非西洋国」であるということだ。中国も「非西洋」だが、民主主義国家ではない。共産党一党独裁国家であり、周辺国を侵略し支配しようという帝国主義的体質を持ち続けている。

日本は非西洋国家の中では、政治的にも、経済的にも、社会的にも、文化的にも、最も安定しており、最も繁栄している国である。日本は二つの原子爆弾の被害にあった唯一の国で

■表2　国際共通語の条件に関する日本語と英語の比較

条件＼言語	日本語	英　語
中立性	×	×
合理性	×	×
学びやすさ	日本語がより優れている	
平和性	日本語がより優れている	
言語の普及度	英語がより優れている	
使われている国の状態	日本・英語国ともにある程度良い	

ある。この苦しい経験を踏まえて、現在の日本人ほど世界の平和を求めている国民はいない。これをもってしても、日本語は国際共通語になる資格は十分にあると私は考える。こういう大変な苦労をしてきた国であるからこそ、日本語が国際共通語としてふさわしいと言えるのではないだろうか。

「言語以外の条件」について、「(一) その言語が国際的に普及しているか」に関しては、日本語は不十分であることがわかった。そして、「(二) その言語を母国語とする国が平和で繁栄しているか」に関しては、日本も英語国もある程度その条件を満たしているということがいえる。

国際共通語の条件に関する議論の概要を表2にまとめたので参考にしていただきたい。

第二章おわりに

「日本語の国際共通語としての可能性」について論じてきた。本章の冒頭で述べたが、筆者が日本人なので「身びいき」であることは重々承知している。本論は中立ではなく、日本語をひいきにしているものであることを認める。その点についての批判は甘受するものである。

しかし、なぜあえて「日本語びいき」の意見を述べたのかというと、今までの日本語論というものがあまりにも日本語を低く見て、否定的であったからである。西洋諸語を仰ぎ見て、日本語の欠点をあげつらうものが少なからずあった。日本語学自体が西洋言語学の規範に合わせて日本語を分析してきた傾向が強かった。それにより、日本語は西洋語に比べ、不十分な言語というイメージを日本人に植え付けてしまった。たとえば、「日本語はあまり主語を用いないので劣っている」というような印象が広がってしまった。それゆえに、現在日本人は自分たちの言語に自信を持っているとは言えないのが現実である。その自信のなさゆえに、それが「英語へのとらわれ」となり、そして「英語の氾濫」「英会話ブーム」という社会病理的現象となって現れているのである。

今までの日本語研究は果たして日本人に日本語への誇りと自信を持たせるようなもので

あったのかと考えると、答えは「否」である。これからの日本語研究は、本書のようにもっと日本語の魅力と可能性に焦点を当て、日本語を肯定推進するもの、日本人に日本語への誇りと自信を持たせるようなものであってほしい。言語学においても、いまだに西洋支配は根強い。言語学者自身が、日本語への意識を「否定」から「肯定」へと転換する「意識改革」を行い、日本語のすばらしさを世界に知らしめる気概を持つべきではないだろうか。

本章はもちろん、本書全体がそのような試みの一つであるとご理解いただければありがたい。

引用文献

津田幸男（一九九〇）『英語支配の構造』（第三書館）

津田幸男（二〇〇六）『英語支配とことばの平等〜英語が世界標準語でいいのか？』（慶應義塾大学出版会）

ロジャー・パルバース（二〇一四）『驚くべき日本語』（集英社インターナショナル）

水野義明（一九九三）「英語か、エスペラントか」津田幸男編著『英語支配への異論』（第三書館）一二一〜一七四頁

第三章　［講演］日本の「精神文化」を世界に伝える
～国語教育と日本語教育の使命

第三章はじめに～日本の「精神文化」を世界に広めるときが来た

本日、私がいただいた題目は「グローバル化の中での日本語教育の役割と可能性」というものであります。

日本語教育のご専門の先生ならば、おそらくカリキュラムや教授法の話などされると思いますが、今日は日本語教育をもっと大きな視点からとらえたいと思います。

もっと大きな視点というのは、私たち人類全体のことであり、地球全体のことであります。果たして今の地球は、そして人類はどういう段階にいるのでしょうか？

私は、人類と地球は転換期に来ていると考えております。どういう転換期かと申しますと、それは「物質文明」から「精神文明」に変わる転換期であります。

現在地球を覆い尽くしているのは、いわゆる「西洋近代文明」というものであります。それは科学技術の発展を基にして、自動車や飛行機、コンピューターなどの発明品を大量生産して、人間の生活を形成していく「物質文明」であります。つまりは、いろいろな物質に基づいて、そしてさまざまな商品に囲まれて生きているのが、現代の人間の生活と言えます。

しかし、「物質文明」はさまざまな深刻な問題を引き起こしています。最も深刻なのはエネルギーと環境問題です。「物質文明」を存続するには膨大な資源とエネルギーが必要です。ただ、問題は地球の資源は有限であるということです。それに大量の資源とエネルギーを使うことにより、地球規模の深刻な環境問題を引き起こしています。

たとえば、温暖化や化学物質による空気、水、土地の汚染です。そのため、地球上の動物や植物が急激に消滅しています。究極的には人間も「物質文明」により亡ぼされてしまうでしょう。

一言で言えば、「物質文明」は自分で自分の首を絞めるような文明です。心ある人はもう「物質文明」の限界に気づいています。新たな文明の創造に期待がかかっているのです。

それが「精神文明」なのです。

日本も現在は「物質文明」の国になってしまいました。しかし、日本はもともと「精神文明」の国であります。表面的には「物質文明」的ですが、その中核にはまだまだ「精神文化」が生きています。

日本を代表する言語社会学者の鈴木孝夫氏は最近『日本の感性が世界を変える』（二〇一四）という本で、日本の「精神文明」のすばらしさを語っています。鈴木氏は、エネルギーや環境問題のことを考えると、もう人類は一〇年か二〇年くらいしか持たないのではないかと本当に心底心配しておられます。

そして、そういう危機的な状況の救世主は日本以外にはないのではないかと唱えています。なぜ、日本が救世主なのかというと、日本は元来自然を大事にする「自然崇拝」、アニミズムの国、だからであるといわれています。この本の趣旨を鈴木氏は次のようにまとめています。

『いまこそ、西欧型の近代国家としてもトップクラスの力があり同時に西欧諸国とは全く違う古代的な世界観と、それに基づく様々な文化を、まだ失わずにかろうじて保持しているいわば二重の性格を持った日本という国が、自分に与えられた使命を改めて自覚して、人類に迫り来る危機を回避するための最後の切り札として登場する意味があります。

……人間と自然が……対等につながり互いに循環しているという、アニミズム的な汎神論的世界観を取り戻すという目的に向かって、まだその証《あかし》がそこかしこに明らかに残っている、西欧の言語や文化とは明らかに異質の要素の多い日本語と日本文化を、いまこそ世界に広める時が来たのだというのが私の主張の具体的な内容なのです。』

（鈴木、二〇一四、一四頁）

日本は西洋に影響され表面的には変わってしまいましたが、日本の底流に流れる「自然崇拝の思想」はまだ根強く残っているし、その思想を体現しているのが日本語であり、日本文化なのです。そしてそれこそが人類の危機的な状況の救世主となるという鈴木氏の主張に私は強く共感いたします。

これから日本の「精神文化」について話しますが、まさに今こそ世界は日本の「精神文化」を学ばなければならないと思います。日本の精神文化は人間を「やさしく」「素直に」そして「つつましく」いたします。

日本語は日本の精神文化の中核ですから、もちろん人を「やさしく」「素直に」「つつましく」する力があります。日本語は日本の精神文化の結晶ですから、こういう力を持っているのです。日本人の国民性がおおむね「やさしく」「素直で」「つつましい」のも、日本語と日本の「精神文化」の賜物です。

みなさんは「やさしい」ですか？「素直」ですか？　そして「つつましく」生きていま

すか？

私はかれこれ四〇年ほど教えてきましたが、日本人の学生には本当に「やさしく」「素直で」「つつましい」人が多いです。私は彼らに助けられて、なんとか教えることができたと感じています。そして多くの日本人も「やさしく」「素直で」「つつましい」です。もし世界中の人たちが、日本を見習って「やさしく」「素直に」「つつましく」なれば、世界は今よりももっと平和になると私は確信しています。

その意味で日本語教育は、これからは日本の「精神文化」中心に教えなければならないと思います。国語教育でも「精神文化」を強調すべきです。なぜなら、日本の「精神文化」を身につけていない日本人が増えているからです。世界の人々にも日本の「精神文化」を伝えるべきです。それが国語教育と日本語教育の使命だと考えます。

一．「文明」と「文化」について

はじめに「精神文明」と言いましたが、今日の講演では「精神文化」という言葉を使いたいと思います。というのは、日本はもともと「精神文化」の国だからです。

では「文明」と「文化」はどう違うのか？

この二つは似ているのですが、違うのです。

「文明」とは、たとえば、ヨーロッパの大聖堂やアメリカの高層ビル、そして発明されたさまざまな機械に基づいた社会や体制を指します。「文明」は物質的な意味合いが強い。

それに対して、「文化」は、毎日の衣食住、文学、芸術、宗教、思想、価値観、行動様式の総体を指します。「文化」は精神的な意味合いが強いのです。特に「目に見えない存在」を重視するのが日本文化ですので、それを強調するため、今日は「精神文化」としたいと思います。

なお、「文明」と「文化」は同じ意味で使われることもあります。

歴史家のアーノルド・トインビーやサミュエル・ハンチントンは、日本について独自の「日本文明」と名付けております。ですから、もちろん日本の「精神文明」と呼んでいいのですが、その文明の基礎には長い時間をかけて育まれた「精神文化」があるという点を考え、今日はこの言葉を主に使いたいと思います。

二.「自然崇拝」こそ日本の「精神文化」の原点

さて、それでは日本の「精神文化」についてしばし話したいと思います。まず、はじめに話したいのは、日本には「祈りの文化」があるということです。

昔は、縁日の日には家族でお寺や神社に出かけたものです。参道に立ち並ぶお店で軽い食事をしたり、お茶を飲んだり、お土産を買ったりして人々は楽しんでいました。

でもそれは単なる楽しみや買い物ではありません。お寺の仏様や神社の神様にお参りするという「祈り」が中心にあったのです。お寺や神社は地域の精神的要《かなめ》であり、敬うべき聖なる領域だったといえます。ショッピングモールにはこのような「精神文化」が全くありません。あるのはただ「モノの充満」です。

ただ、お寺や神社があったから「祈りの文化」ができたのではありません。「祈りの文化」は縄文時代からあったのです。縄文人たちは、山や海で取れる木々の実や魚介類を自然からのめぐみとして感謝して食べていました。自然から与えられる生命によって自分たちは生きていけることを認識し、自然に自然全体を崇拝するようになったのです。それが、「八百万《やおよろず》の神」の信仰になったのです。いわゆる、「アニミズム」―自然崇拝―です。山も海も川も木々も自然すべてを崇拝していたのです。それが日本の「祈りの文化」となり、今日まで続いているのです。「山」も「海」も「川」もすべて神として崇拝し、自然を大切にするのが日本人の心です。ほとんどの神社には「御神木《ごしんぼく》」があります。木も神様なのです。この「自然崇拝」の信仰こそ、日本の「精神文化」の源であります。

たとえば、富士山は「霊峰《れいほう》富士」と呼ばれています。「霊峰」とは「神聖なる山」ということです。つまり、「信仰の対象となり、また畏敬されている山」(『広辞苑』)のことです。ですから、むやみに人が立ち入ってはいけないところなのです。

日本人は古代から、山にも海にも川にも、すべての自然に「霊性」を感じてきました。すなわち、万物に「神秘さ」を感じると同時に「恐れ」も感じてきたのです。それが、日本文化と日本人の生き方に映し出されてきました。日本こそが元来「精神文化」の国だったのです。そうして、江戸時代までは本当に幸せな国を築いてきたのです。

ところが、幕末にアメリカの黒船がやってきて、日本は仕方なく「開国」しました。その後に続く、「西洋化」「近代化」そして「富国強兵」政策により、日本は長年育んできた「精神文化」を脇に追いやり、「物質中心」の国になってしまいました。

三．日本の「精神文化」にショックを受けた幕末の西洋人

それでも明治時代のはじめくらいまでは、日本は日本の「精神文化」を失っていませんでした。

幕末や明治時代に日本にやってきた西洋人はみな口を揃えて、当時の日本の平和な生活、

人々の幸せそうな様子を記録しています。
たとえば、アメリカからやってきてアメリカ公使を務めたタウンゼント・ハリスが当時の日本について次のように語っているのを、渡辺京二氏による名著『逝きし世の面影』(二〇〇五)が伝えています。

『彼らは皆よく肥え、身なりも幸福そうである。一見したところ、富者も貧者もない。……これがおそらく人民の本当の幸福の姿というものだろう。私は時として、日本を開国して外国の影響を受けさせることが、果してこの人々の普遍的な幸福を増進する所以であるかどうか、疑わしくなる。私は質素と正直の黄金時代を、いずれのほかの国におけるよりも多く日本において見出す。生命と財産の安全、全般の人々の質素と満足とは、現在の日本の顕著な姿であるように思われる。』(渡辺、二〇〇五、一二一頁)

一九世紀半ばに西洋人たちは日本にやってきて、日本を「物質文明国」にしようとしましたが、ハリスが言っているように、日本人は質素ながらも幸せに安全にそして正直に暮らしていました。言い換えると、物質的には貧しくとも、精神的には豊かに暮らしていたのです。江戸時代に日本はすでに西洋とは正反対の「精神文化国家」を確立していたのです。

また、あるイギリス人は「日本人は世界のどんな国民とも異なっている」と次のように述懐しています。

『われわれにとって、日本とその住民は決して新奇さを失うことがなかった。常に観察すべきこと、おどろくべきことが何かあった。彼らは世界のどんな国民とも異なっているので、彼らの間に一年住んでみても、その習慣と習俗については、ほかの国民の場合なら六週間で得られるほどの洞察すら得られないのだ。』（渡辺、二〇〇五、五一頁）

イギリス人たちが、「日本人は世界のどんな国民とも異なっている」と感じたのは、日本が類いまれなる「精神文化」の国であったことをほのめかしています。

このように、日本の独自性と精神性の高さに驚嘆し、西洋人たちは日本を賞賛しながらも少なからずショックを受けていた、と渡辺氏は次のように語っています。

『（西洋人たちは）西欧文明とは全く基準を異にする極東の島国の文明に接したとき、（自信とは別に）一種のショックを受けずにはおれなかった。このような、〝小さい、かわいらしい、夢のような〟文明がありうるというのは彼らにとって啓示ですらあった。なぜなら、当時彼らが到達していた近代産業文明は、まさにそのような特質とは正反対の重装備の錯綜した文明であったからである。』

（渡辺、二〇〇五、五三頁）

西洋人がショックを受けたのは、日本には西洋にはない「精神文化」が厳然として存在していたからです。貧しいけれども、心は豊かで、正直に、高いモラルを持って生きている日本人に圧倒されたのでしょう。つまり、日本の「精神文化」に圧倒されたのです。彼らはそれを「小さい、かわいらしい、夢のような文明」と呼ぶことによって日本を矮小化しています。そうすることによって、自分たちの「物質文明」の優位性を信じたかったのかもしれません。

同時に、西洋人が日本を「小さい、かわいらしい、夢のような文明」と言っているのは間違ってはいないと思います。まさしく、日本は元来、「小さくて、かわいらしい、夢のような国」だからです。ですから、「文明」と呼ばれるような立派なものではなく、「やさしくて、素直で、つつましい精神文化の国」と言った方が、日本のことをより正確に表しているといえます。

ですが、残念ながら、一九世紀半ばにアメリカ、ヨーロッパの侵略により、日本は捻じ曲げられて、「物質文明」への道を歩むことになったのです。

四．「和歌の前の平等」、「和」の思想の発展

先ほど、日本は「自然崇拝」の国で、「祈りの文化」があると言いました。同時に、縄文人たちはとても自由で平等な生き方をしていたのです。

その自由で平等な生き方は受け継がれ、「和歌の前の平等」という文化になります。それはあの『万葉集』にはっきりと表れています。

『万葉集』は奈良時代に大伴家持《やかもち》により編纂されたもので、全部で四五〇〇首もの歌があります。『万葉集』の特徴はなんといっても、その平等性にあります。平等性とは、『万葉集』に載せられた歌は天皇や一部の貴族に限らず、軍人である防人や一般庶民も含まれている点です。これが「和歌の前の平等」といわれる所以であります。

英語学者で数々の著書を出した渡部昇一上智大学名誉教授（故人）は、その著書『日本語のこころ』（一九七四）で、次のように『万葉集』における「和歌の前の平等」という歴史的事実を指摘しています。

『その作者たちは上は天皇、大氏族の長から、下は兵士、農民、乞食、遊女まで含み、男女の差別もない。地域的にいっても中央に限らず、東国、北陸、中国、九州の各地方

にまたがっており、まごうかたなき国民歌集である。（中略）下層階級の女性も参加しているのだから、これはどうしても日本人は「和歌の前に平等」であるといわなければなるまい。』

（渡部、五〇―五一頁）

このような「社会的平等」を日本はすでに八世紀に実現していたのです。ヨーロッパで、「法の前の平等」を唱えたのは高々数百年前です。

それでは『万葉集』から一首歌を紹介しましょう。

春の野に　すみれ摘みにと　来し我そ
　　野をなつかしみ　一夜寝にける

これは山部赤人の歌で、「春の野原にすみれを摘みに来たが、野原に魅了されて、そこで一夜明かしてしまった」という歌です。なんとものどかな歌です。そして、自然を「愛でる」また自然と「一体化」している日本人の心情をよく歌っています。縄文人はこんな生活をしていたのではないでしょうか。その精神を受け継いで、奈良時代でもその心情を歌にしていたのです。その伝統は今でも続いていると思います。

二〇一九年五月一日に新しい天皇が即位され、新たな元号である「令和」の時代が始まりました。西暦以外の日本独自の「元号」制度を持っていることは、日本人にとって大きな誇りです。世界とは違った「日本独自の時を生きる」という点において、元号は日本人にとってかけがえのないものであります。この年から、日本は新しい時代を開始しました。大変喜ばしいことです。国民全員で日本の新しい門出をお祝いしたいものです。

時代が少し前後しますが、四世紀後半になりますと、この頃すでに「大和朝廷」が確立し、日本は国家としての体制を整えていきました。そして、八世紀には平城京、八世紀末から一二世紀末まで平安時代が続き、国家としての体制はますます強化されていきました。

国家としての体制が強化されると同時に、「精神文化」の発達も遂げています。

たとえば、聖徳太子が制定した「十七条憲法」の第一条、「和を以て貴しとなす」はあまりにも有名なことばです。このことばは日本人の「和の思想」の象徴といえます。日本人が自らを「大和民族」、つまり、「大いなる和の民族」と呼ぶ由縁は、この聖徳太子のことばにあると考えます。

「和の思想」は、日本人の「自然崇拝」から発しています。自然と対立するのではなく、調和するというのが日本人本来の考え方です。そして、人とも調和していくのが「和の思想」です。日本社会の根本にあるのが「和の思想」なのです。

五．人をやさしくする日本語

そして「和の思想」を体現しているのがまさに「日本語」なのです。日本語は「和」の言語、「和」を生み出す言語、人を「やさしくする」言語です。

人をやさしくする力を持ち、共感する力もあり、そして自然崇拝の言語である日本語。こういう言語が世界共通語であった方が、世界平和の実現に近づくのではないでしょうか。

（著者注：この後の日本語についての議論はすでに第一章で詳しく論じたので、ここでは省略いたします。）

六．「もののあはれ」と「無常観」の発達

奈良時代と平安時代は『万葉集』『古事記』『源氏物語』の登場に見られるように、文化の国風化が進みました。日本女性の活躍により、「かな文字」が発明され、女性による「日記文学」も盛んになりました。

またご存じのように、紫式部による『源氏物語』は世界最古の長編小説であります。今から約一千年も前に女性により小説が書かれたという事実は、日本が「精神文化」の先進国で

あることの証と言えます。女性が「精神文化」のリーダーになっていたことも注目に値します。

この時代は、仏教の影響もあって「もののあはれ」や「諸行無常」という「無常観」が広がりました。「無常観」は日本人の「生と死に関する思想」で、西洋人のように「永遠の生命」を追い求めるのではなく、「死は必ず訪れるもの」と死を受け入れ、「諸行は無常である」、つまり、「この世に永遠などない」という「諦め」の境地に至るものであります。

この「諦め」の境地から、日本人は「自己に執着することは醜いこと」という美意識を発達させるのです。日本人が桜の花を好むのは、桜は満開を過ぎるとあっという間に散ってしまうその潔さ、執着のなさ、諦めの良さに「美」を感じるからです。

江戸時代の国学者本居宣長は、「大和心」を次のように歌っています。

　敷島の　大和心を　人問はば
　　朝日に匂ふ　山桜花

「日本の大和心とはどんなものかと人が尋ねたら、それは、朝日に匂う山桜の花であると答えよう」と歌っています。日本の「大和心」とは美しくて潔い「桜」のことなんだ、と気づかせてくれます。

それとは対照的に、西洋で人気のバラの花は枯れても花がなかなか落ちません。まるで生への執着を見せているようです。

そして、自分への執着から解放された生き方を「素直」といいます。

「素直」とは「心の正しいこと」「穏やかで人に逆らわないこと」です。自分の考えに執着すると、間違った方向に行きがちです。「素直」とは「心が広く、他者の意見を受け入れる」ということでもあります。

「物質文明」を築いてきた世界の人々は、やはり「我欲」が強いように思えます。自分への執着が強いのです。私たち日本人は「自分に執着することは醜い」と感じています。行き過ぎた「自己主張」も嫌われます。それが「精神文化」の感じ方なのです。願わくば、世界中の人々が、日本のこの「美意識」を学んで、「自己への執着」から解放されて「素直」になることを願っております。

七．「道」の思想に基づいて発展した日本の「精神文化」

一二世紀末の鎌倉時代から日本は武士の時代となります。それは一九世紀半ばまで続きます。作家の司馬遼太郎は「武士の時代は下関で始まり、下関で終わった」と言ったそうですが、その通りで、下関の「壇ノ浦の戦い」で源氏が勝利して鎌倉時代が始まり、そして一九世紀半ばに、長州藩が欧米の四か国連合艦隊との戦いに敗れて、武士の時代が終わり、明治時代となったのでした。

武士が支配した七〇〇年近くの間に、日本は「精神文化」の国として大きく成長するのでありました。その中心となるのが「道」という思想です。この「道」という概念は禅のもので、禅は道教の影響を受けて発展しました。

「道」とは「みち」ということで、これは「悟りへの道」という意味です。

鎌倉時代以降、禅宗は武士階級に支持され、発展し、日本の「精神文化」の発展に大きな貢献をしました。「茶道」「武士道」などは日本の「精神文化」の重要な要素です。

曹洞宗の開祖である道元は歌人でもあり、有名な歌を残しております。代表作はなんといってもこの歌です。

春は花　夏ホトトギス　秋は月
冬雪さえて　冷《すず》しかりけり

日本の春夏秋冬の美しさを歌っています。日本においては、季節を愛でること、季節の変化に敏感であることが大切です。なぜなら、「季節」の「節」は「節目」ともいって、時の流れの「区切り」でもあるからです。この「区切り」をきちんと感じることにより、日々の生活において次の「区切り」に向けて前進できるからです。

また四つの季節ごとに、日本人はそれぞれの季節を味わう行事を行います。たとえば、春は花見、そして秋には月見です。日本人は毎年「中秋の名月」を観賞します。すすきを飾り、団子をお供えし、月を観賞するという習慣を持った民族がほかにいるでしょうか。

一九六八年にノーベル文学賞を受賞した川端康成は、受賞演説で日本の和歌をいくつか紹介しています。そのうちの一つに鎌倉時代の僧侶明恵《みょうえ》上人の歌があります。

雲を出でて　我にともなふ　冬の月
　風や身にしむ　雪や冷たき

これは座禅を終えて、帰路につく間に、雲間から現れた月が、まるで友達のように自分についてきてくれる。その月に「風が身にしみないか。雪が冷たくないか」と呼びかけ、自分のことを案じるように月のことを心配している歌です。「自然との一体感」「自然への思いやり」を歌った日本的な歌であります。これは先ほど話した日本人の「自然崇拝」の精神から来るものです。

「武士道」「茶道」「柔道」とあるように、日本人はほとんどすべての行動に「道」をつけます。それは、先ほど「道」は「悟りへの道」と言いましたように、日本人は、生きることは「悟りへの道」を歩む修行であると考えるからです。

ですから、「武士道」も単に戦いの思想ではなく、「悟りへの道」を説くもので、人としてどれほど高い徳を備えた人になれるかを重視するのです。徳とは「高いモラルを持っている」ということです。

八．岡倉天心『茶の本』の思想、「茶道」を必修科目に

茶道においては、「わび」「さび」という価値が中心となります。茶室をとってみても、とても簡素で余計なものがありません。床の間に掛け軸と一輪の花があるだけです。モノは無ければ無いほどよい。質素であることが「美」なのです。

「わび」は「侘び」で、「侘ぶ」や「侘し」から来ており、「気落ちする」や「孤独な」というネガティブな意味がもともとの意味です。それを、鎌倉時代や室町時代の禅の僧侶たち

が、肯定的な意味へと転換させていったのです。まさに、「否定」から「肯定」に変革したのです。つまり、貧しさは物質への執着からの解放であるということ、貧しさの中に豊かさを、簡素の中に美しさを追求することの重要性を強調するのが茶道の考えなのです。

そしてこの精神から、日本人は「つつましさ」、つまり「控えめで、慎み深い」振る舞いをするようになりました。また、そう振る舞うことに「美しさ」を感じるのです。

たとえば、二〇一一年の東日本大震災の際、避難所で文句一つ言わずに整然と並んで配給の食料をもらう日本人の姿が世界から賞賛されましたが、この「控えめで、慎み深い」行動こそ、「つつましさ」であります。世界の人々もこの「つつましさ」を学ぶと、世界はもっと平和になるはずです。

とにかく、「わび」「さび」を中心とする茶道こそが日本文化の中心であり、それゆえに「精神文化」の本質であると言えるでしょう。

一九〇六年に、岡倉天心は英文で『茶の本』を出版しました。その本の中で、天心は「茶道の重要性」を次のように語っています。

『日本が長いあいだ世界から孤立していたことは、内省に資するところ大きく、茶道の発達にきわめて好都合であった。

われわれの住居と習慣、着物と料理、陶磁器、漆器、絵画、——文学ですら——あらゆるものが、茶道の影響を蒙ってきた。日本文化の研究家ならその影響の存在を無視することは不可能であろう。茶道は貴婦人の居間に浸透したし、身分いやしい者の栖にも入った。われわれの田夫は花を活けることを知り、野人も山水を尊ぶことを知るようになった。』（岡倉、一九九四、一四頁）

岡倉天心のこのことばから、多くのことを学ぶことができます。

まず、「日本文化の研究家ならその影響の存在を無視することは不可能であろう」と言っています。これは間違いのないことで、茶道を学ぶことにより、日本文化とは何か、日本人とは何か、日本という国はどんな国なのかがわかると思います。無論、日本の「精神文化」とは何か、もわかってくるはずです。

そもそも岡倉天心が『茶の本』を書いたのは、一九〇六年、日露戦争の直後です。日露戦争の前には新渡戸稲造の『武士道』が出版され、これが世界的なベストセラーになっており、日本は軍事大国であるというイメージができつつありました。天心は、日本は「精神文化」の国であることを確信していたので、世界の人々に日本の本当の姿を伝えるために、日本の「精神文化」の本質である「茶道」について書いたのです。

『茶道は、日常生活のむさくるしい諸事実の中にある美を崇拝することを根底とする儀式である。それは純粋と調和を、人が互いに思い遣りを抱くことの不思議さを、社会秩序のロマンティシズムを、諄諄と心に刻みつける。』（岡倉、一九九四、一三頁）

と天心は語っています。

このように、「茶道」を通して、われわれは日常生活の中に「美」を見出したり、純粋さと調和、思いやり、秩序の大切さ等を学ぶことができるのです。「茶道」は人間を人間らしくしてくれる教えなのです。

私は、「茶道」を中学および高校の必修科目にすべきではないかと思っています。大学でも必修科目として教えるべきです。「茶道」を学べば、日本とは何か、日本人はどうあるべきかがしっかりとわかるはずです。ですから、英語は選択科目にして、代わりに「茶道」を必修科目にすべきです。

とはいっても、現実はそうなってはいないので、まずは一人ひとりが「茶道」を学ぶしかないと思います。それができなければ、せめて岡倉天心の『茶の本』を読んでいただきたいです。この本は国語と日本語を教える人の必読書です。

また、天心は、「われわれの田夫は花を活けることを知り、野人も山水を尊ぶことを知るようになった」とも言っています。これは茶道がいかに国民に広まったかを示しています。社会の底辺にいる人たちさえも「精神文化」の一翼を担っていたというのは、ほかの国ではなかなかないことです。

芸術や「精神文化」が隅々にわたって広まっているということは、今でも続いています。新聞を開くと「短歌」や「俳句」の欄があって、全国から大勢の人々が自分の作品を投稿しています。どの街にも短歌や俳句のサークルや研究会があって、みんな創作に励んでいます。コンビニでお茶を買うと、そのボトルのラベルには「俳句」や「川柳」の作品が印刷されています。日本の日常生活に「精神文化」が浸透している証ではないでしょうか。

九.「鎖国」のおかげで「精神文化」がさらに発達した

岡倉天心の発言でもう一つ重要なものがあります。それは、「日本が長いあいだ世界から孤立していたことは、内省に資するところ大きく、茶道の発達にきわめて好都合であった」という発言です。

まさにその通りです。茶道が、そして日本の「精神文化」がさらに発展したのは「鎖国」

のおかげなのです。天心が言うように、鎖国して、孤立していたからこそ、独自の感性を磨くことができたのです。

鎖国していると発展が止まると考えがちですが、それは間違いです。鎖国して外界から遮断されていたからこそ、集中力が高まり、創造力も高まったのです。限られた材料と限られた情報の中に置かれたとき、人間は何もできなくなるのではなく、「こころ」は無限の力を持ち、それを最大限に発揮するようになるのです。日本人はそれをやってのけたのです。そして、特に江戸時代においては、非常に繊細で精巧な工芸品や芸術作品を作り出したのです。「鎖国」というハンディキャップを逆に活用して、「精神文化」を発展させてきたのです。とにかく、鎖国のおかげで、日本は平和で戦争のない安全・安心な国でした。だから落ち着いて「精神文化」の創造にエネルギーを注ぐことができたのです。鎖国はある意味では日本人の「内向的」で「繊細な」性格にぴったりと合っていました。

しかし、現在「グローバル化」が進行中で、日本は今「開国」を余儀なくされています。実際、幕末に開国して、その後日本は「富国強兵」政策をとり、急激に膨張拡大し、軍事大国になりました。しかし、最終的にはアメリカに敗れ、国土は焦土と化し、三〇〇万人以上の犠牲者を出しました。一九四五年、日本は一度亡んだのです。「開国」の代償はあまりにも大きいものでした。

それを考えると、徳川幕府の「鎖国」政策は本当に賢明なものでした。「鎖国」により、国内の平和と秩序が保たれ、人々の生命と財産が守られたのです。しかも、茶道をはじめとした芸術全般の発展に大いに貢献したのです。

一〇．政府の「開国政策」は大きなリスクを伴う

いつの時代でも同じなのです。日本はグローバル化や国際化とは距離を置くべきで、外国と深く付き合うことは、日本人の「内向的」で「繊細な」性格には合いません。自分に合わないことはやってはいけないのです。無理してやると、さまざまな弊害と被害が出るだけです。徳川幕府はそれを知っていたのです。「鎖国」が有効な「安全保障政策」だったことをしっかりと覚えておきたいものです。

それを踏まえると、現在日本政府が推し進めている実質的な「移民政策」、つまり外国人労働者を大量に受け入れる政策は明らかに間違った選択です。日本の歴史的体験からいっても、日本に大量の外国人を受け入れることは、日本が長い期間かけて作り上げてきた「日本の平和・安全・安心」を損なう大きな危険性をはらんでいます。実際、二〇一四年一月にYahoo!ニュースが行った意識調査では、「外国人労働者の入国緩和」に対して、賛成はわず

か15・1％で、反対が80・9％と、圧倒的に反対が多いのです。

また、『移民亡国論』（二〇一四）の著者で経世論研究所所長の三橋貴明氏は、さらに二〇一七年に『移民受け入れ大国日本の末路』を出版し、日本が「移民国家化」することに対して次のように警鐘を鳴らしています。

『このまま日本が移民を受け入れていくと、われわれはいかなる社会で暮らすはめになるだろうか――。

簡単だ。

「国民の自由」、もしくは「安全な国家」のいずれかを、あきらめなければならなくなる。移民の受け入れ、国民の自由、安全な国家は、同時に三つを成立させることはできない。かろうじて二つまでは可能だが、三つは無理なのだ。

すなわち、「移民政策のトリレンマ」（注1）である。

日本が移民国家化すると、われわれ日本国民は、シンガポールのように国民の自由が制限された国か、もしくはヨーロッパのように安全な国家を喪失した国か、いずれかを選ばなければならなくなる。

最悪、現代の日本国民は、将来世代に、国民の自由と安全な国家の双方を喪失した「移民国家・日本」を引き継ぐことになる。本当にそれで、いいのだろうか。』

（三橋、二〇一七、三頁）

「国民の自由」も「安全な国家」も日本人がこれまでの努力で築いてきました。これを失ってはいけない。「移民の受け入れ」をやめるのが最も妥当な選択です。

現在、グローバル化が進行中で、あたかも「開国」することが良いというような論調が多いのですが、いま紹介したような歴史的事実や現状報告を知ると、グローバル化も「開国」も非常に大きなリスクがあることがわかります。日本は世界とは距離を置き、最小限の接触に抑えた方が日本の平和・安全・安心が保たれることは間違いありません。

一一．国語教師と日本語教師の使命

さて、今まで日本の「精神文化」をかなり大雑把ですが、たどってきました。日本がいかに「精神文化」の国であるかという話をしました。

本章の冒頭でも言いましたが、もう「物質文明」は限界に来ています。このまま「物質文明」を推し進めていけば、人類は必ず破滅します。多くの人がそれを指摘しています。人類は「精神的価値」に比重を置いた「精神文明」へと舵を切らなくてはならないのです。

今日お話ししてきましたように、日本は「精神文化」を発達させてきました。日本語には、日本人はもちろん外国人も「やさしい」人に変える力があることもわかりました。

対立や紛争や戦争の原因は何でしょうか？

それは人間の「攻撃性」にあると思います。人々の「攻撃性」がなくなれば、少なくなれば、紛争や戦争も回避できると思います。そういう点で、人を「やさしく、素直に、つつましく」する日本の「精神文化」は大きな貢献ができると考えます。

ですから、日本はこれから世界に大いに貢献できる、と確信しています。人類の破滅を防ぐために日本人は「最後の切り札」になれると、鈴木孝夫氏も言われておりますし、私もそう確信しております。

私たちが二千年以上もの長い時間をかけて作り上げてきた「精神文化」を、今こそ世界中に発信する時がやってきたといえます。

そこで、本日の講演の結びとして、日本人に向けて、特に将来国語教師や日本語教師を目指しているみなさんに向けて、私から二つ、提案というか、お願いの言葉を託して私の話を終わりにしたいと思います。

一つ目のお願いですが、**「日本を守る」意識を強く持っていただきたい**ということです。

先ほど、移民の増加の話をしましたが、日本が「移民国家」になってしまうと、日本は大混乱に陥ると思います。日本の平和と安全を失うかもしれません。それを少しでも食い止めるのが、国民全体の「日本を守る」という強い意識です。この意識をしっかりと持っていただきたいと思います。国民全体が「日本を守る」という強い意識を持てば、それ自体が「国力」になります。日本の平和、日本の自由と民主主義、日本社会の秩序と清潔さ、美しい日本語と日本文化、これらのかけがえのない日本のあらゆるものが、「移民国家」になると失われるかもしれません。日本が日本でなくなってしまうのを阻止するために、是非とも「日本を守る」強い意志を持ってください。

もう一つのお願いは、**一人ひとりが日本の「精神文化」を学び、身につけていただき、そしてそれを教えていただきたい**ということです。日本語のみならず、日本文化の精神的側面についてしっかりと勉強してください。神道、仏教、儒教についても学んでいただきたい。「精神文化」の歴史をよく知っていただきたい。

そして、教壇に立ったとき、国語教育も日本語教育も単なる言語技術教育ではなく、日本の「精神文化」を学ぶ機会になるような教育をしていただきたいと思います。カナダで日本語を教えてきた金谷先生の教え子たちは「変わった」のです（第一章参照）。それはみなさんにもできるはずです。

これから日本にやってくる外国人は増えてきますが、彼らに日本の「精神文化」を必ず教えてください。特に「和の思想」を。そして、「やさしく」「素直に」「つつましく」生きる日本人の生き方を教えてください。反発する人が多いかもしれません。でも、一〇人に一人、一〇〇人に一人でも日本の「精神文化」を身につける人が出れば、希望が持てると思います。そうすれば、日本社会も大きく崩れることはないかもしれません。日本の「精神文化」を身につける人が世界中に増えれば、世界が「精神文明」へと転換する糸口となるかもしれません。

国語教師、日本語教師は、日本の「精神文化」を教え、世界を「精神文明」に変えていく世界的使命があることを自覚していただきたいと思います。留学生のみなさんも、日本の「精神文化」をしっかりと学んで、自分の国に帰ったときに、母国の人々に日本の「精神文化」を教えてください。そして、「やさしくて、素直で、つつましい」人々を増やしていただきたいと思います。そうすることが世界の平和にきっとつながります。

第三章おわりに

最後に、日本の「精神文化」を象徴する宮沢賢治の「雨ニモマケズ」を一緒に分かち合いたいと思います。日本人なら誰でも知っているこの詩は、「利他の精神」「無欲無私の精神」を謳っています。これこそが日本の「精神文化」の結晶です。「やさしくて、素直で、つつましい」生き方を表現しています。

この世の中のすべての不幸と争いは、「攻撃性」と「自分さえよければいい」という「我欲」から生じています。不幸と争いをなくすには、「雨ニモマケズ」の「無欲無私の精神」を世界中の一人ひとりが持たなければなりません。

地球と人類の未来は、日本の「精神文化」を世界中の人々が真剣に学ぶかどうかにかかっています。

それでは一緒に声に出して読みながら、この詩の精神を学んでください。そしてこれからも何度も何度も読んで心に刻み付けてください。

雨にも負けず　　　　宮沢　賢治

雨にも負けず

風にも負けず
雪にも夏の暑さにも負けぬ
丈夫な体を持ち
欲はなく
決して怒らず
いつも静かに笑っている
一日に玄米四合と
味噌と少しの野菜を食べ
あらゆることを
自分を勘定に入れずに
よく見聞きし分かり
そして忘れず
野原の松の林の陰の
小さな茅ぶきの小屋にいて
東に病気の子供あれば
行って看病してやり

西に疲れた母あれば
行ってその稲の束を負い
南に死にそうな人あれば
行ってこわがらなくてもいいといい
北に喧嘩や訴訟があれば
つまらないからやめろといい
日照りの時は涙を流し
寒さの夏はおろおろ歩き
みんなにデクノボーと呼ばれ
褒められもせず
苦にもされず
そういうものに
わたしはなりたい
（注：ひらがな部分は原文ではカタカナです。）

※注

1．「トリレンマ」（trilemma）「三つの方法のうちどれを選ぶか決定しにくいような状態。（『新英和大辞典 第六版』（二〇〇二）研究社）

引用文献

岡倉天心（一九九四）『茶の本』（桶谷秀昭訳）講談社学術文庫
「外国人労働者の入国緩和、賛成？ 反対？」（二〇一四年一月）「Yahoo!ニュース 意識調査」https://news.yahoo.co.jp/polls/domestic/10656/result（二〇二二年一〇月二七日確認）
川端康成（一九六九）『美しい日本の私：その序説』講談社現代新書
鈴木孝夫（二〇一四）『日本の感性が世界を変える：言語生態学的文明論』新潮選書
三橋貴明（二〇一四）『移民亡国論』徳間書店
三橋貴明（二〇一七）『移民受け入れ大国日本の末路』徳間書店
宮沢賢治（一九七六）「雨ニモマケズ」『校本　宮澤賢治全集　第6巻』筑摩書房　三五三―三五四頁
渡辺京二（二〇〇五）『逝きし世の面影』平凡社
渡部昇一（一九七四）『日本語のこころ』講談社現代新書

※出典：本章は筑波大学日本語・日本文化学類日本語教育概論講演（平成三〇年一一月二三日）の原稿を改訂したものである。

第二部

「日本語をいかに守るか
〜ことばの安全保障論」

第四章　［講演］日本語は日本を守る防波堤
〜「日本語で何でもできる国」を守る

第四章はじめに〜「日本語の安全保障」を考えよう

人が勉強するのはなんのためでしょう。

その目的は人によって違うという意見がありますが、私はそうは思いません。学ぶことの目的、それはこの世の中をより良くするためです。私はそう信じて学問をやってきましたし、今でもそう思っています。この講座で学び、みなさんの心の中になんらかの変化、意識改革が起こる。それが積み重なって社会が変わっていくのです。それがより良い日本を作ることを祈りたいと思います。

ご存じのように、国会では安保法案[注1]が可決しまして、戦後七〇年にして日本は新たな安全保障体制になります。これが本当に私たちの生命と安全を守ることになるよう願っています。

私の今日の話は、そのタイトル「日本語は日本を守る防波堤～『日本語で何でもできる国』を守る」とありますように、安全保障に関することです。

といっても、軍事的な安全保障ではありません。ことばの安全保障です。

日本語は日本文化そのものであり、日本語なくして日本はありません。

ですから、日本語を守っていくこと、つまり、ことばの安全保障体制を整えていくことは日本にとって非常に重要な課題です。

日本語が未来永劫日本のことばとして使われていくには何が必要なのか？

今日はこれについてお話しいたします。

「日本語は邪魔だ」というアメリカ

まずはじめにみなさんは「非関税障壁」ということばをご存じでしょうか？

一九八〇年代以来ずーっとアメリカ政府は日本に対して、「日本語は『非関税障壁』だ」と非難を続けています。つまり、「日本語が邪魔だ」と言っているのです。アメリカは日本にいろいろな商品を売り込みたい。だけれども、「日本語が邪魔になっていて、自由貿易ができない」と文句を言い続けているのです。そして英語を押し付けてきます。

英語の方がアメリカに好都合だからです。だから、「日本語が邪魔だ」と言っています。なんと傲慢で押し付けがましい態度でしょう。アメリカは日本を尊重しているとはとても思えません。

しかし、これが現実であり、日本とアメリカの間にはこのような「言語格差」が生まれています。しかし、日本政府も日本国民もこれに異議を唱えていません。日本政府は異議どころか、アメリカの言いなりになって、日本国民に英語を押し付けているありさまです。

それでいいのでしょうか？　私は異議を唱えたい。

「日本語は日本の防波堤」です。そして私たちは「日本語で何でもできる国」を作ってきました。だからこそ日本は曲がりなりにもなんとかやってこれたのです。

そういう日本を守る。

日本国民全員がこのように決意しないと遅かれ早かれ日本は消滅します。

「日本語は日本の防波堤」「日本語で何でもできる国」を守る。

今日はこれを心に深く刻んでいただきたいと思います。

日本文学研究で数々の業績を挙げ文化勲章を受章し、最近アメリカ人から日本人へと帰化したドナルド・キーンさんは、日本語を守る大切さを次のように言っています。

『今も未来も守るべきものはあります。それは日本語です。……日本語こそが日本人の宝物と信じて疑いません。ぜひ守ってください。これこそは私の一番の願いです。お願いします。』

（キーン、二〇一三、一一八頁）

長年日本文学を研究し、「日本語のすばらしさ」に気づいたのでしょう。肝心の日本人が「日本語のすばらしさ」に気づいていないのです。だから、私はこの講座を「すばらしい日本語」と名付けたのです。(注2)

このすばらしい日本語なくして日本はありません。

そして、日本は「日本語で何でもできる国」なんです。これは深く感謝すべきことなんですが、このことに日本人は気づいていないのです。

今日はこれから次の四つのことをお話しいたします。

第一に、「日本語で何でもできる国」はどのようにしてできたのか。

第二に、日本の「西洋崇拝」の歴史～「漢字廃止論」「英語採用論」「日本人改良論」。

第三に、ますます高まる政府の「英語化」「グローバル化」政策。

そして、第四に、結びとして、「日本語を守るためにはこれから何が必要なのか」についてお話ししたいと思います。

一．「日本語で何でもできる国」はどのようにしてできたのか

まず最初にお話しいたしますのは、「日本語で何でもできる国」はいつ、どのようにして作られたのか」ということです。これを、「『国語』（共通語・標準語）成立の経緯」、「『翻訳』による国語の普及と日本の近代化の促進」、そして「『日本語で何でもできる国』という『奇跡』」の三点にわたって論じていきます。

一－一．「国語」（共通語・標準語）成立の経緯

江戸時代までは日本全国共通の言語はありませんでした。各藩の言語をそれぞれ使っており、全国共通の「国語」はありませんでした。しかし、徳川幕府が江戸にあったので、「江戸語」が実質的に「標準語」の地位を確立していました。社会言語学者の真田信治氏は次のように言っています。

『江戸に幕府が開かれて以来、……徐々にその地歩を固めてきた江戸の方言は、江戸時代中期にいたって一大言語として成長し、京都・大阪を地盤とする上方語と雌雄を争うようになる。その状況は江戸時代の末期まで続くが、その後も江戸語（そして東京語）

は次第に勢力を拡大し、ついには上方語をおさえて、近代日本の標準語へと発展していったのである。』

（真田、二〇〇一、三〜四頁）

江戸時代までは「鎖国政策」により、外国との接触は最小限でしたが、明治になると、外国との接触が活発になり、「近代国家としての日本」を整備しなければなりませんでした。政治、経済、法律、教育、社会等すべてにおいて、国家としての体制を作らなければなりませんでした。政治において、憲法が必要だったように、言語においても、「全国共通の標準語」の制定が必要になったのです。しかし、当時の日本人の「話しことば」は各藩の方言であり、異なる藩の者同士が話すと、それぞれの方言を話すので、理解不能となっていたのです。

ところが、明治時代初期は、政府はあまり「国語」の制定には積極的ではなかったようで、「標準語」に関する動きが本格的になったのは、明治二七年に言語学者上田万年が「標準語に就きて」という論文で、日本には「美しい洗練された言語」が必要であると説いた頃のようです。上田はその候補として「教育ある東京人のことば」としての「東京語」を掲げています。この論文の影響力は強く、明治政府は、明治三五年に、「国語調査委員会」を設置し、「東京語」を標準語にするという方針のもと、国語の成立に向けて動き出したのであります。

同時に、学校教育でも「国語科」を開設し国定教科書も作成され、教育を通じて「国語」つまり標準語（共通語）が推進されていきました。

このようにして、「東京語」が「国語」としての地位を確立していったのです。

一―二.「翻訳」による国語の普及と日本の近代化の促進

また、別の角度から「国語」の成立を論じている方がおられます。九州大学教授の施光恒《てるひさ》氏は政治学の立場から、日本が近代国家として成立したのは「国語」の普及はもちろん、特に西洋語を精力的に「翻訳」したからだと主張しています（施、二〇一五）。

施氏は、日本が今日曲がりなりにも民主主義国家として成り立っている大きな理由は、日本語という共通語が定着しているからだと言っています。

共通語があるので、同じ言語を話す人間同士は「連帯意識」「仲間意識」、いうなれば「同じことばを話す同じ日本人だな」という感情が湧いてきて、それが「日本人」という「国民意識」となり、日本という国家を成立させているのです。

共通語がない国においては、なかなかこのような連帯意識は生まれません。だいいち、共通のことばがなければ会話も不可能だし、ましてや複雑な政治問題や社会問題を語ることはできません。身振り手振りだけでは高度な思考や議論は不可能なので、民主主義の基盤ができないのです。

ところが、なんと日本では明治時代に日本語が「国語」として確立でき、高度な政治や科学、経済や社会、学問と教育に至るまで、すべて日本語でできる体制を作ったのです。つまり、「日本語で何でもできる国」を作ったのです。このような確固たる言語的基盤があるからこそ、日本は今や押しも押されもせぬ先進国になったのであり、民主主義も可能になり、自由と平和と幸福を享受できるのであります。

しかもその上、非常に精力的に「翻訳」を行い、「新しい日本語」を作り出し、欧米諸国の先端の情報と知識を全国民に広く伝播させたのです。新しい「近代化」の知識と情報が全国に広まったことにより、日本の近代化は円滑に進み、日本は近代国家として成長することができたのです。

私たちが今日、日常的に使っていることばの多くは明治時代に作られたものです。「科学」「社会」「哲学」「個人」「恋愛」「民主主義」「権利」といったことばはすべて明治時代に作られた翻訳語であります。これらの翻訳語が日本語として定着していきました。それにより、日本人の意識も「近代化」され、日本は近代国家になることができたのです。

一－三．「日本語で何でもできる国」という「奇跡」

しかしもし、翻訳がなされなかったらどうだったでしょうか？

欧米諸国の「近代的な情報や知識」は、外国語ができるほんの一部のエリートが独占していたでしょう。日本は「外国語ができる一部のエリート」と「外国語ができない多くの国民」に分断されていたでしょう。植民地化された国はみなそうです。西洋語ができる「一部のエリート」と「その他大勢」に分断され、近代化がなかなか進んでいません。植民地支配を受けたインドも、フィリピンも、ケニアもこのような問題にいまだに直面しています。

しかし、日本はいち早く「国語」という共通語が普及し、そして翻訳による「新しい日本語」の創造と普及により、「日本語で何でもできる国」を作り出したのです。

この「日本語で何でもできる」ということを作家の水村美苗氏は「日本語の奇跡」と呼んでいます（水村、二〇〇八）。なぜなら、自分たちのことばで何でもできる国というのはとても限られているからです。多くの国は植民地化され、今でも英語やフランス語やスペイン語などを使い、政治、経済、教育などあらゆることを外国語でやらざるを得ないのです。

それを考えると、日本は明治以来「日本語で何でもできる国」を作ってきたのです。「自分たちのことばで何でもできる国」を作ったのです。これはまさに「日本語の奇跡」であり、こういうしっかりとした言語的基盤を築いたことが、まさに日本を外国の侵略から守る防波

堤になっているのであります。

まさに日本語は日本を守る防波堤なのです。

施氏は、日本の近代化において果たした日本語の大きな役割について次のようにまとめています。

『明治時代に日本の近代化が成し遂げられたのは、結局のところ、「普遍」と目された外来の先進の知識を積極的に学びつつ、それを翻訳し、日本語や日本文化のなかに巧みに位置付け、広く一般庶民に活用しやすくしたためであった。……多くの普通の人々が自分の能力を磨き、発揮しやすい、日本語に基づく社会空間を「翻訳」と「土着化」（著者注：つまり国語の普及）のプロセスによって作り出したことが、日本が近代社会の形成に曲がりなりにも成功した大きな理由なのである。』（施、二〇一五、九七頁）

まさにその通りで、このようにして「日本語に基づく社会空間」、つまり「日本語で何でもできる国」を作ってきたのです。この「日本語の奇跡」を続けていくことが、日本の独立、日本の平和、日本の民主主義を守ることにつながるのです。

ところがアメリカは日本語を「非関税障壁」と呼んで、邪魔扱いしています。そして英語を押し付け、日本を英語の国にしようとしています。

私が心配するのは日本政府の姿勢です。

日本はアメリカに敗戦しました。ですから、日本政府はそれが自民党だろうと民主党だろうと、アメリカの脅しにいつも屈しています。

アメリカが「日本語が邪魔だ」と言うと、「はい、その通りです」と答えがちです。情けない限りですが、現在の日本政府は一体日本語を守ろうとしているのか？

この点について、次にお話しいたします。

二．日本の「西洋崇拝」の歴史～「漢字廃止論」「英語採用論」「日本人改良論」

日本政府は、今、話した通り「日本語で何でもできる国」を作りました。その功績は大きい。

しかし同時に、日本の権力者たちには非常に根深い「西洋崇拝」があります。日本よりも西洋を上に見る、日本語よりも英語を上に見る。そういう「西洋崇拝」が今でも根強くあり、それが「もっと英語を」「もっとグローバル化を」という政策につながっています。

これは大変憂うべきことです。

アメリカやイギリスなどほかの先進国を見ても、外国語を優先している国は一つもありません。アメリカは英語を、イギリスも英語を、フランスはフランス語を、ドイツはドイツ語を、国内はもちろん海外でも推進する政策をとっております。

彼らはみな、自分たちの言語が国を守る「防波堤」であることを十分に知っているのです。ですから、自分たちのことばを大切にする政策を実施しているのです。

しかし、日本政府、つまり日本の権力者たちは明治以来、基本的には英語をはじめとした西洋語を優先し、日本語を後回しにしてきたのです。あの「鹿鳴館」(注3)が象徴するように、日本の権力者たちの「西洋崇拝」は想像以上に大きいのです。この節では、その点について論じます。

二ー一.「漢字廃止」「英語・フランス語を国語に」と唱えたエリートたち

明治に入る前にすでに日本の権力者たちは、日本語を「邪魔」扱いする動きを開始していたのです。

アヘン戦争での敗北により、となりの清朝が衰退して植民地化されていきました。その悲惨な姿を見て、日本の権力者たちは、「漢字」を使っていてはダメだと強く感じたのです。そして、多くの「漢字廃止論」が飛び出しました。

そのうちでも最も有名なのは、「郵便制度の父」といわれる前島密が当時の江戸幕府一五代将軍徳川慶喜に提出した「漢字御廃止之儀」という建白書です。前島は、教育の普及のため、漢字を廃止し、ひらがなを使うことを提案しています。

また、日本初の国語辞典『言海』を編纂した蘭学者大槻玄沢の孫である大槻文彦も「漢字廃止」を唱えました（金谷、二〇〇二）。

とにかく、幕末から明治の日本人にとっては、西洋語の音声とアルファベットが発展と進歩の象徴であったため、それに少しでも近づこうと、漢字を捨てようとしたのです。それほど西洋語にコンプレックスを感じていたのです。

しかし、漢字を捨てなくて本当に良かったのです。なぜなら漢字があってこそ、ひらがなやカタカナも生きてきて、日本語が日本語らしくなるからです。漢字とひらがなとカタカナの三つの文字システムがあって、日本語は日本語らしくなるのです。

たとえば、すべての漢字を廃止したとしましょう。

すると、たとえばひらがなで「かんじ」と書いたら、すぐに意味を理解することができますか？　おそらく無理でしょう。

でも漢字で「漢字」と書けば、意味がすぐわかります。

漢字はたしかに書くのは面倒ですが、しかし、意味をすぐに伝えられる機能が優れています。一文字、二文字で多くの意味を伝えられます。

今、私は「きのう」と言いました。

するとみなさんは頭の中で「機能」という漢字を思い出して、私が言っていることを理解しているのです。漢字のおかげです。

もし漢字がなくなったら、「きのう」と聞いたとき、今日の前の日のことか、論理学の「帰納法」の「きのう」か、何かの役割を果たせる「きのう」なのか、どの「きのう」なのか、手がかりがなくなってしまうのです。

だから日本語には漢字が必要なのです。

これくらいのことは幕末や明治の政治家、学者たちもわかっていたはずです。しかし、彼らは「漢字廃止」を唱えたのです。

それはなぜなのでしょうか?

それほどまでに西洋文明の圧力というものが絶大であったわけです。明治時代の日本人は、西洋語でないと日本は立ち行かないと思い込んだのです。今でもそう思う日本人は多いのです。

たとえば、明治政府の初代文部大臣森有禮がその典型例です。森は日本語を捨て、英語を国語として採用すべきという考えを唱えました。一八七三年に出版した英文著書*Education* *in Japan* の「序文」において、森は日本語を「貧弱（meagre）」で「弱くて不確実な（weak and uncertain）言語」と次のように言っています。

『このような状況下では、わが貧弱な言語はわが国以外では何の役にも立たず、特に蒸気機関と電気がわが国に広がるであろう今日においては、英語の支配に屈服する運命にあります。わが知的な民族は、知識の追求に励んでおり、西洋の科学、芸術、宗教という貴重な財産から得られる主要な真実を獲得するには弱くて不確実な媒体に頼るわけにはまいりません。国家の法律も日本語では保持することができません。すべての理由が「日本語の不使用」を示しています。』（大久保、一九七二、二六六頁、原文は英文。筆者訳）

こう言って、森有禮は英語を国語とするように唱えたのでした。森にとって英語をはじめとした西洋語があまりにもきらびやかに見えた結果、日本語をあまりにも低く見てしまったのです。同時に、英語を使わざるを得ないと考えたのでしょう。

同じように、大東亜戦争での敗北の後、作家の志賀直哉は、日本語の代わりにフランス語を国語にせよと提案しています。志賀直哉はフランス語は「世界で一番美しい言語」と礼賛しています。

『日本は思ひきつて世界中で一番いい言語、一番美しい言語をとつて、その儘国語に採用してはどうかと考へてゐる。それにはフランス語が最もいいのではないかと思ふ。（中略）過去に執着せず、現在の吾々の感情を捨てて、百年二百年後の子孫の為に、思い切つた事をする時だと思ふ。』

（志賀、一九九九、三〇二―三〇三頁）

敗戦のショックとはいえ、フランス語を国語にしたら、一体どれだけの人が理解できるのか、自分たちのことばを捨ててよいのか等考えなかったのだろうか。志賀にとっても多くの日本人にとっても、「西洋崇拝」が強くあり、それが敗戦によって増幅してしまい、常軌を逸した提案になったのです。

このように、荒唐無稽な提案が出るほど、西洋文明の圧力というものは圧倒的であったといえます。

二―二．西洋人と結婚し「日本人改良論」を唱えたエリートたち

さらに、これ以上に荒唐無稽な提案が明治時代には行われたのです。

それは、「日本人改良論」といわれるもので、西洋人との国際結婚により「貧弱な日本人

の体格と容貌」を「改良」しようという主張であります。

その代表は新聞記者の高橋義雄が明治一七年に出版した『日本人種改良論』で、日本人は白人と国際結婚してその貧弱な体格を改良すべきと唱えています。福澤諭吉もこれに賛同しています。

過去において、このような馬鹿げたことを考えるほどに西洋文明の大きな圧力を受け、日本人は劣等感にさいなまれていたのです。そして、この馬鹿げた劣等感は過去のものではなく、今でも続いています。

たとえば、今日たくさんの日本女性が美容整形に走っていますが、その多くは「白人のような容貌」にあこがれて、手術を受けているのではないでしょうか。二重まぶたや長いまつげ、白い肌、パッチリとした大きな瞳はすべて「西洋」のもので、日本女性もそれをほしがって美容整形を受けるのです。そして、髪を金色に染めることに対して、もうとがめる人も見当たりません。

こうして、白人をモデルとした「日本人改良論」は今でも続いているのです。しかしそれは果たして「改良」なのでしょうか。いや、これは日本人にとって、とても屈辱的な行為です。なぜなら、それは「日本人らしさ」を自ら否定することだからです。

明治時代は一部のエリートなどが国際結婚による「日本人改良論」を唱えていました。しかし、今ではごく普通の日本人がなんの躊躇もなく自分の肉体を西洋風に変えています。もちろん、自分の肉体をどうしようとそれは個人の自由です。しかし、このまま日本人の肉体が西洋化していくと、日本人の「日本人らしさ」や日本の独自性は消えてなくなってしまいます。

三．ますます高まる政府の「英語化」「グローバル化」政策

このような「日本らしさの否定」を食い止めて「日本・日本語・日本人肯定論」を展開するのが日本政府の本来の役割のはずです。

しかし、日本政府にはそれができません。いまだに「西洋崇拝」が強い上に、敗戦後八十年近くたった今でも、日本はアメリカの支配下に置かれているからです。ですから、「日本語が非関税障壁だ」と邪魔扱いされても、逆らえません。

その結果、政府は日本語よりも英語を優先し、そして、「日本らしさ」を保つよりも「グローバル化」に力を入れています。日本政府自らが「日本らしさの否定」を推進しているありさまです。

三―一．政府が進める「英語化政策」

まず、現在の政府が推進している「英語化政策」はどんなものかお伝えします。

第一に、「小学校の英語教育の早期化と教科化」です。二〇二〇年から、「英語」は正式科目となり、五、六年生が必修として学んでいます。そして、三、四年生は「外国語活動」として英語を学んでいます。やがて、一年生から学ぶことになるでしょう。

第二の英語化政策は、今から一〇年以内に、大学の授業のなんと約半分を英語で行うというものです。文部科学省が各大学にこういう要請を出しています。日本の大学が日本語ではなく、英語でないと学べなくなりつつあります。

第三の英語化政策は、中学と高校の英語教育をすべて英語で行うというものです。これも文科省が指導要領で規定しています。日本語を使わずに英語で英語を教えろと規定しているのです。これはアメリカ人やイギリス人が植民地で行った英語教育です。それと同じことがなされようとしています。これが実施されると、英語の時間は「日本語禁止」となり、これを繰り返していると子供たちに日本語への誇りがなくなっていく可能性があります。

第四の英語化政策は、大学卒業の認定試験として、アメリカのテスト会社が作った英語力試験を課するというものです。この試験は受験料がおよそ二万円ほどです。日本の大学生の総数は約二七〇万人です。ですから毎年約七〇万人くらいの学生が受験することになります。すると、毎年一四〇億円くらいのお金が自動的にアメリカに行くことになります。多くの場合、大学が受験料を支払うので、結局は日本国民の税金がアメリカに行ってしまうのです。

お金のことよりも、なぜ日本の大学を卒業するのにアメリカの試験を受けなければならないのか？　大学がもうすでに植民地化されているのです。

第五の英語化政策は、「英語特区」構想といわれるもので、「英語社内公用語」を実施している企業に税金の優遇措置をするという構想です。これは内閣官房管轄下の「クールジャパンムーブメント推進会議」が提案したもので、「特区内では公共の場での会話は英語のみに限定する」「販売される書籍・新聞は英語媒体とする」「特区内で事業活動する企業が、社内共通語の英語化や社員の英語能力向上に資する活動を積極的に展開する等の一定条件を満たした場合、税制上の優遇措置を図る」等が提案されています（施、二〇一五、一四七頁）。つまり、企業が「英語化」を進めれば、税金を優遇するという構想です。これが一体どのように日本のためになるというのでしょうか。

これらの「英語化」政策は日本にとって役立つものではありません。

三―二．日本の良さと強みを破壊する「英語化」政策

先ほど紹介した九州大学教授の施光恒氏は、これらの政策は「日本の良さと強みを破壊する」と厳しく批判しています（施、一五九―一九八頁）。

日本の良さと強みとはなんでしょうか？

それは日本が「日本語で何でもできる国」であるということです。日本語で教育が受けられる。日本語で学問ができる。日本語でビジネスができる。日本語で政治ができる。日本語でマスメディアが成り立っている。日本語で日常生活のすべてができる。

中でも大事なのは、日本語で知的活動ができることです。

日本は、アジアでは最も多くのノーベル賞受賞者を出しています。

それを成し得たのは、日本人が自分のことばである日本語で知的活動ができるからです。日本語で学問ができるからです。

日本語で学問ができる、高度に知的な活動ができる。日本語をそこまで発展させてきたし、そういう環境を作ってきたのです。

そういう良い環境がすでにあるのに、「英語ができなきゃダメだ」という奇妙なおまじないが日本全国に広まっています。そんなおまじないにだまされて、日本の良さと強みである

「日本語で何でもできる国」を壊してはいけないのです。

明治以来、日本語は国語となり、それを基盤として日本は「日本語で何でもできる国」を確立してきました。日本人の思いやりの深さも日本語があるからですし、「ものづくり」が得意なのも日本語のおかげです。そして、日本は比較的格差の小さい社会を築いてきました。

しかし、英語化が日本社会に浸透すると、今までのこういった日本の良さと強みがなくなっていくかもしれません。英語化により、実はもうすでに経済的格差は広がっているのです。「英語ができる人」と「できない人」の間には年収で約二〇〇万円の差があるという調査結果もあります(『プレジデントファミリー』、二〇〇八年五月号)。こういう現実があると、日本人はますます英語へと傾斜していき、日本はアメリカのような格差社会になっていく危険性があります。

英語化によって、経済的格差が大きくなると、日本人の連帯感、国民意識がばらばらになり、せっかく「日本語で何でもできる国」を作ったのに、日本人の連帯意識が弱くなってしまい、日本が弱体化するのは避けられません。

三―三．政府の「グローバル化」政策は日本の安全と治安を脅かす

「英語化」のほかに政府は「グローバル化」政策として、「観光立国」と「移民受け入れ」

政策を打ち出しています。これも日本の良さや強みを破壊する危険性があります。

なぜなら、「グローバル化」政策は外国人を大量に日本の中に受け入れることになるからです。日本は、現在のように大量の外国人を日本国内に受け入れた経験が過去においてありません。


日本の歴史を振り返って見ても、外国との接触は、情報と知識とモノに限ってきました。人は受け入れないのが日本の伝統といえます。江戸時代の鎖国がその典型です。

また遣隋使や遣唐使で大陸の情報や知識を取り入れても、人の受け入れは限定的でした。明治になってからも、大量の外国人をヨーロッパやアメリカから呼んで「お雇い外国人」として雇用しましたが、任期をつけて、仕事が終わると帰国させました。

徳川幕府が鎖国政策をとったのも、情報や知識やモノは必要だが、人は厄介であることがわかっていたからです。というのも、すでに秀吉の時代に、日本にやってきたポルトガル人は、ヨーロッパへ日本人の人身売買を行っていました。秀吉はこれに激怒し、ただちに「伴《ば》天《て》連《れん》追放令」（宣教師追放令）を出したほどです（池本その他、一九九五、一五八－一六〇頁）。鎖国政策は、秀吉のこの追放令を継承したものといえます。つまり、日本人の生命を守るために、鎖国したのです。

情報と知識とモノを入れても人は入れないというのが日本の伝統だったのです。

現在の「グローバル化」政策は、これと正反対のものです。外国人をどんどん日本国内に受け入れてしまおうという政策です。政府は一千万人移民政策を唱えています。これで、日本が守れるのか。日本人を守れるのか。私は大きな疑問を感じています。

日本がとても安全な国であった一つの要因は、日本が島国であり、国民のほとんどが日本人というほぼ単一の民族で占められていたからです。一方で、多民族国家アメリカは「犯罪王国」ともいわれています。あるネット記事によると、「二〇一五年、アメリカでは一万三千人近くが銃による暴力の犠牲になった。この数には自殺は含まれていない。」(Mosher, 二〇一八)という報告があり、アメリカがとても治安の悪い国であることがわかります。

テレビでは毎日のように外国人観光客のニュースを報道しています。しかし、その陰の部分や問題は報道しません。

まず、いま日本には一体どのくらいの外国人が住んでいるのでしょうか?

法務省のホームページによりますと、二〇一九年六月時点での「総在留外国人数」は三四五万四六九七人ということです。日本の人口は二〇一九年一二月で、一億二六一五万人なので、外国人が占める割合は全人口の約2・74%です。この数を見ると、「外国人はそれほど多くない」と思うかもしれませんが、平成三〇年六月から令和元年六月までの一年間になんと九万八三二三人の在留外国人が増えたそうです。この増加率は過去最大だということです。ですから、現在外国人が急激に増えているのが実態です。それにしても、一年で約一〇万人もの外国人が増えているのは驚きです。

日本は「少子高齢化」で人口が減少しているという深刻な問題を抱えていますが、人口の減少を食い止めるため、外国人を受け入れればいいというのはあまりにも安直で無責任な考えです。「外国人」は言語、文化、慣習、宗教そのほか何もかも日本人とは異なっているので、彼らも日本になじむのは大変ですし、日本人も彼らになじむのは難しいのです。「外国人の受け入れ」は慎重に行わなければならないはずです。ですが、実態は外国人が急増しているのです。

「外国人受け入れ」の先進国であるヨーロッパ諸国では、もうすでに「治安の悪化」が起きていると国際政治学者の藤井厳喜氏は指摘しています。たとえば、ドイツでは二〇一三〜二〇一五年の三年間で一五〇万人ものイスラム系難民を受け入れたのですが、その結果、「この大量の難民が今、ドイツの社会秩序を破壊しつつある」と藤井氏はその著書『国家の逆襲』(二〇一六年、祥伝社新書)で述べています。

二〇一五年末にはドイツのケルン市で「一千人以上のアラブもしくは北アフリカ系難民とみられる男たちが暴徒化し、次々と女性を襲って性的暴行を加えるというおぞましい事件が起きた」(同書、一五六頁)と報告しています。しかも、同じような集団暴行事件がドイツのほかの大都市やスウェーデン、オーストリア、フィンランド、スイスでも起きたのですが、政府の情報統制により、これらの事件はすぐには報道されなかった、と藤井氏は報告しています。

ＥＵ（欧州連合）は難民の受け入れを進めており、加盟諸国はその方針に従っています。しかし、その被害に遭うのは国民なのです。ですから、イギリスがＥＵ離脱を決めたのも当然なのです。グローバル化は「安全」「安心」を破壊するだけなのです。

ここまでの話で明らかなことは、日本政府は日本語を守るどころか、英語化政策で日本の良さと強みを破壊しようとしていること。また、「グローバル化」政策で日本社会の安全と安心を脅かしているということが言えるのです。

四．日本語を守るために何が必要なのか？～三つの提案

さて、今までいろいろと話してまいりました。

日本は「日本語で何でもできる国」を作るという奇跡を成し遂げてきたこと、それが日本を守る防波堤の役割をしてきたことをお伝えいたしました。

しかし、その一方で、日本政府は、明治以来日本語を守ることよりも、西洋化、欧米化、

グローバル化、英語化することばかりに精力を注いできたこともお話しいたしました。日本政府の現在の「英語化」や「グローバル化」政策が間違っており、日本の良さと強みを破壊する危険性がある、ともお伝えいたしました。

これを踏まえると、政府のやっていることを鵜呑みにはできないし、私たち日本国民がなんとかしなければならない、ということがわかると思います。

それでは、日本語を守るために何が必要なのか？

最後に三つの提案をいたします。

四ー一．意識改革～英語よりも日本語が大事である

まず第一の提案は、「意識改革」です。

私の話を聞いても、「でもやっぱり英語が大事だ」と思っている人がまだ多いと思います。

しかし、今日ここで意識改革をしていただきたいのです。

「日本語が英語以上に大切なんだ」

このように意識改革をしていただきたいと思います。

日本語を私たちの心の中心に置くということです。

これを「日本語本位の精神」と私は呼んでいます。

「日本語本位の精神」です。日本語を私たちの心の中心にすえるのです。

つまり、「日本語を取り戻す」のです。

この精神を一人ひとりの日本人がしっかりと確立することが大切です。

これが、「日本語で何でもできる国」を守るのです。


ここで一つのスピーチを紹介いたします。

それは日本に留学に来たケニア人学生のスピーチです。

このスピーチは二〇〇〇年の外国人日本語スピーチコンテストで外務大臣賞を取ったもので、タイトルは「みそのみそくさいのは上みそにあらず」というものです。

ケニアはイギリスに植民地化され、英語が公用語になってしまい、自分たちのことばを使えなくなってしまった経験から、安易に英語を日本の公用語にしてはいけないと訴えています。

スピーチの最後の部分を紹介いたします。


『日本人のみなさんは世界中どこを探してもない素晴らしくて独特な言葉や文化や習慣を持っています。でもそれを大切にしないで、英語ばかりに目を向けているのを見ると、心が痛みます。昔ある人が言いました。みそはいい匂いがするからといって、おいしいみそだとは限らない。同じように、今大勢の日本人が英語を話せればいいなと思っているのは、英語の匂いだけを嗅いでいます。でもケニア人のように食べてみたら、副作用が出るということもあり得ます。

日本はケニアのような状態になることを今ならまだ避けることができるのです。日本人がバイリンガルになるのは夢ではありません。しかし先程お話した様に英語が主になり、日本語ができない日本人が存在する時代になってしまいます。（中略）

今まで日本は孤立した島国として独自の歴史、独特な文化や言語や習慣を作り上げてきました。しかし英語を取り入れてしまえば、あっという間にこの独異性を失って、ただアフリカの植民地的な国々のようなオリジナリティのない国になってしまうと私は思います。日本人のみなさん、もう一度考え直してみましょう、自分の国のこと、自分の国の文化や言葉にもっとプライドを持ってほしいと思います。もし日本人が日本語を話せなくなると、この世界で一体誰が日本語を話すのでしょうか。ご清聴どうもありがとうございました。』

（クニュガ、二〇〇〇）

いかがでしたか。

自分たちのことばを失ってしまったケニアのようにはならないでほしいという気持ちが伝わってきたと思います。

英語はいい匂いがするかもしれませんが、食べてみたら大きな副作用に見舞われるかもしれないのです。

そして、日本にいるときは、私たち日本人は日本語を使う権利があるのです。これを「言語権」といいます。日本国内で外国人に英語を使う必要はないのです。外国人は日本では日本語を使う義務があるのです。日本人は日本語を使う権利があるのです。

この次、外国人に会ったら、堂々と日本語を使ってください。

それこそが、私が言っている「意識改革」の実践です。

四ー二．国語教育の振興

私の二つ目の提案は、「国語教育をもっと盛んにすべきだ」ということです。

国語は国の基盤であるということは今日何度も言いました。ですから、国語力を強化するということは日本を強くすることになります。つまり、国語教育を盛んにするのです。英語教育よりも国語教育を優先するということです。

ある小学校での取り組みを紹介しましょう。

平成二七年六月二八日の産経新聞によりますと、佐賀県鳥栖市の小学校と中学校では、国語のほかに「日本語」という教科を開設しました。「日本語」開設のきっかけは、子供たちの「乱れた日本語」であり、「美しいことば遣い」ができることがこの教科の目標であるそうです。

授業の内容は、「百聞は一見に如かず」などの故事成語や、『論語』それに『葉隠れ』等に書かれた伝統文化も含んでおり、従来の国語に加えて、日本の伝統文化を強調した内容で日本語を教えるというものです。

「日本語」の教科化は、ほかに東京都世田谷区、そして新潟県新発田市でもすでに始めており、鳥栖市は三番目となります。

このようにして日本語を学ぶ時間を増やしていかなければならないと思います。全国の小中学校でも是非このような取り組みを始めていただきたいと思います。

小学校と中学校では、「国語力日本一」を目指して、国語教育に力を注いではいかがでしょうか。そして、子供たちはみんな「礼儀正しい美しい日本語を話す」。そんな国語・日本語教育を是非始めていただきたい。

小学校で英会話などやっている場合ではありません。

現在、中学校では国語よりも英語の時間が多くなっていますが、国語の時間の方を多くすべきです。全国すべての学校で是非国語の時間を大幅に増やしていただきたい。そして「国語力日本一」を目指してください。

日本の学校教育は小学校から大学に至るまで英語偏重になっています。特に大学教育で国語教育が全く存在しないのは大問題です。日本語をしっかりと身につければ、日本人は日本に自信と誇りを持てるはずです。

とにかくもっと国語教育を盛んにし、充実させないといけません。

また、家庭でも最近は「せめて子供には英語が話せるようになってほしい」と思う親が増えていますが、そんなことよりも、毎日の生活の中で、親が良いお手本にならなければなりません。親が読書をし、正しい日本語、美しい日本語を話す日本語の先生になるべきなのです。子供のことばの乱れは親のせいです。

家庭におけるきちんとした言語教育がなければ、学校がいくらがんばっても国語教育は充実しません。家庭で、親がしっかりとした日本語を話す。これが日本の国力の基盤になるのです。

四ー三．「日本らしさ」の追求

最後にもう一つ提案をお伝えいたします。

それは、日本はグローバル化に振り回されず、外国に影響されずに徹底的にマイペースでわが道を行くべきだという提案です。つまり、日本は徹底的に「日本らしさ」を保ち、「日本らしさ」を追求するということです。

「日本的個性」の徹底的な追求です。

これが日本の平和と繁栄を維持することになると私は考えます。

明治以来、日本は西洋をモデルとして模倣に走ってきました。

今でもそうです。

英語化やグローバル化をやっているのがその証拠です。

西洋文明というのは本質的に「力の文明」で、かつ「横の文明」なのです。

おとなりの中国文明も「力の文明」「横の文明」です。つまり、彼らは力によって、自分たちの文明を横に広げていく体質を持っています。

日本文明の本質は全く違います。

それでは「日本らしさ」とはなんなのか。

これについて、詩人の萩原朔太郎はこう言っています。

日本は「美と調和の文化」で、「縦の文化」である、と。

萩原朔太郎は、日本文化は自然を賛美し、一体化する「美と調和の文化」であると言っています（萩原、一九六〇）。

これをとことん日本人は極めるべきだと思います。

「縦の文化」というのは、一つのところにとどまって、深く掘り下げるということです。鎖国時代に日本は日本文化を掘り下げ、世界に冠たる繊細な文化と芸術と工芸を発展させました（萩原、一九九三）。

それが日本の文化と文明の本質、本来的な在り方です。

「美と調和の文化」そして「縦の文化」。

それを追求すべきなのです。

実際、日本語は本来「縦書き」です。これも「日本らしさ」の一つです。日本語は「横文字」「横書き」ではない。深く掘り下げる「縦文字」「縦書き」なのです。

明治から昭和にかけて、日本は西洋の「力の文明」を模倣しました。

その結果、戦争に巻き込まれ続け、貴い命を幾千万と失いました。

現在は「カネの文明」を模倣しています。

これにより、日本人は心が貧しくなりました。

「力の文明」も「カネの文明」も本来の「日本らしさ」とは無縁のものです。

これらを模倣し、追求しても、日本は「日本らしさ」を失うだけです。

ほかの文明を真似して、「日本らしさ」を失い、ほかと同じになってしまったら、日本はなんの価値もない国になってしまいます。

日本は「日本らしさ」があるからこそ、価値があるのです。

だから日本は「日本らしさ」を掘り下げ、豊かにし、ますます「日本的」になればいいのです。世界のどこの国とも違う。それが日本なのです。

第四章おわりに～「日本語で何でもできる国」を守っていこう

冒頭に話しましたが、アメリカは、日本語は「非関税障壁だ」と言っています。つまり、日本語が邪魔だと言うのです。彼らはこのように脅しをかけてきて、日本から「日本らしさ」を奪い取ろうとしています。残念ながら、日本の権力者たちもそれに協力しています。

私たちは絶対に日本語を手放してはいけません。日本語こそ「日本らしさ」の源泉だからです。

日本語の未来は安泰でも盤石でもありません。

私たち日本人が日本語を守る、なんとしてでも未来につなげていく。そして「日本語で何でもできる国」を続けていく。

これを決意することが今こそ必要なのではないでしょうか。

今日は、「日本語の安全保障」を考えようという趣旨で話をいたしました。みなさんも、これをきっかけに、日本語を守ること、日本語の安全保障を考えていただきたいと思います。

私はこの講座を「すばらしい日本語」と名付けました。

なぜかというと、「日本語のすばらしさ」を日本人がわかっていないからです。

私たちはもっと日本語を学び、そのすばらしさをよく知り、そして守っていかなければならないと思います。大切なものはどこか遠くにあるのではありません。宝物は私たちの手の中にあるのです。

日本語なくして日本はありえません。

日本人が日本語を守らなかったら、一体誰が守るのでしょうか？

※注
1．「平和安全法制」のことで、二〇一五年九月三〇日に採択された。この法律により、「集団的自衛権」の行使が認められた。
2．平成二七年度（二〇一五）茨城県稲敷市生涯学習講座「すばらしい日本語～日本を元気にする日本語講座」（主催：稲敷市生涯学習課）五～九月に開催された（各月一回）

3．明治一六年（一八八三）に日本の外務卿井上馨による欧化政策の一環として建設された西洋館（ウィキペディアによる）。日本人の欧米崇拝を象徴することばでもある。

引用文献

池本幸三・布留川正博・下山晃（一九九五）「大西洋奴隷貿易時代の日本人奴隷」『近代世界と奴隷制～大西洋システムの中で』（一五八－一六〇頁）人文書院
大久保利謙編（一九七二）『森有禮全集第三巻』宣文堂書店
金谷武洋（二〇〇二）『日本語に主語はいらない』講談社選書メチエ
ドナルド・キーン（二〇一三）『私が日本人になった理由』ＰＨＰ研究所
クニュガ　エバンス　ギタヒ（二〇〇〇）『みそのみそくさいのは上みそにあらず』（第四一回外国人による日本語弁論大会）日本国法人国際教育振興会
真田信治（二〇〇一）『標準語の成立事情』ＰＨＰ文庫
志賀直哉（一九九九）「国語問題」『志賀直哉全集』第七巻　岩波書店
施　光恒（二〇一五）『英語化は愚民化』集英社新書
津田幸男（二〇〇六）『英語支配とことばの平等～英語が世界標準語でいいのか？』慶應義塾大学出版会
萩原朔太郎（一九六〇）「日本の使命」『萩原朔太郎全集第四巻』新潮社
萩原朔太郎（一九九三）「日本文化の特殊性」『帰郷者』中公文庫
プレジデントファミリー編集部「英語が喋れると、年収が高くなるのか　お金持ちになる新・学歴ガイド」

『プレジデントファミリー』（二〇〇八年五月号）
藤井厳喜（二〇一六）『国家の逆襲　グローバリズム終焉に向かう世界』祥伝社新書
水村美苗（二〇〇八）『日本語が亡びるとき～英語の世紀の中で』筑摩書房
Dave Mosher（二〇一八）「アメリカ人が銃で命を落とす確率は?-驚きのデータが明らかに」Business Insider Japan. https://www.businessinsider.jp/post-179298（一一月二二日付）（令和四年一〇月二七日確認）
『日本語』教科化　国際人を養成へ」『産経新聞』（平成二七年六月二八日）

※出典：本章は平成二七年九月二六日の茨城県稲敷市主催の生涯学習講座「すばらしい日本語」での講演原稿を基にした論文――津田幸男（二〇一五）「日本語は日本を守る防波堤～『日本語で何でもできる国』を守る」（『平和言語学研究』（第二号）三四～五一頁）――を改訂したものである。

第五章　〔講演〕英語支配と日本語の安全保障
～日本語を守るために何をすべきか

第五章はじめに

今日の話は、日本語ということばそのものというよりも、日本語が置かれている状況や環境、グローバル化により「英語支配」が進む世界において、日本語は将来消滅するかもしれないという事実を明らかにし、「日本語の大切さ」「日本語を守ることの大切さ」を訴えるものであります。

つまり、「日本語の安全保障」についての話であります。

そして、日本語を守るために、私たち日本人は一体何ができるのか？　何をすべきなのか？

これについて、お話をいたします。

しかし、その前に、私は日本語学の専門家でもなく、ましてや安全保障の専門家でもありません。その私がなぜ「日本語の安全保障」について話すのか、その理由をまず説明いたします。

一つ目の理由は、私が日本人で、日本語の未来が心配だからです。これからお話ししますが、日本語は将来消滅する危険性があります。

日本語が消滅するということは日本が、日本人が、日本文化が消滅するということです。これをなんとか食い止めようとするのは日本人なら当たり前です。日本語なくして日本はないからです。

二つ目の理由は、私が知る限りにおいて、「日本語学」でも「安全保障研究」においても、「ことばの安全保障」というテーマを扱っていないからであります。日本語学は日本語ということばそのものを研究しておりますし、安全保障研究は「言語」に焦点を当てているとは思えません。しかし、現実は「ことば」と「安全保障」を結びつけなければならない事態へと変化しております。日本語は危機にさらされているのです。ですから「日本語の安全保障」を考えなければならないのです。

もう一つの理由は、私は長年「英語支配論」と自分で名付けた言論活動を続けてきたからです。この言論活動の展開の中で、「日本語防衛」「日本語の安全保障」という概念を発展させてきました。

英語支配論は、私が一九八五年に南イリノイ大学に提出した博士論文*Language Inequality and Distortion in Intercultural Communication : A Critical Theory Approach*が出発点であります。この論文は提出した翌年の一九八六年にオランダのジョン・ベンジャミンズ社から出版されました。

この論文で、私は「英語支配」がコミュニケーションの不平等と差別を生み出していることを明らかにしました。英語が国際共通語として使われている現在、英語国や英語に堪能な人間たちを極めて有利な立場に押し上げている反面、日本人をはじめとした英語を母語としない非英語国の人々を極めて不利な状況に陥れています。まさに、「英語支配」による格差と不平等が生まれているのです。

「英語支配」はグローバル化とともにますます強まり、世界の人々は英語を使わざるを得ない、学ばざるを得ない状況に追い込まれております。この状況が続けば、英語以外の言語が徐々に衰退していくことは火を見るよりも明らかです。

このような「英語支配」の現状を前にして、その後、私は一九九〇年に出版した『英語支配の構造』以来、執筆活動を続け、一九九三年には『英語支配への異論』、一九九六年には『侵略する英語　反撃する日本語』、二〇〇六年には『英語支配とことばの平等』などを出版し、英語支配への警鐘を鳴らし続けました。

二〇〇七年にはフルブライト委員会の派遣でアメリカ、カリフォルニア州のサンマテオ大学で「異文化コミュニケーション」の講義を担当し、同時にスタンフォード大学、ワシントン大学等で英語支配についての講演を行いました。そして、二〇一一年に『日本語防衛論』、二〇一三年には『日本語を護れ！』を出版いたしました。さらに、二〇一八年には、国際コミュニケーション学会が編集した *International Encyclopedia of Intercultural Communication* に「英語支配」（English Hegemony）を解説する論文を載せました（Tsuda, 2018）。

このような長年の「英語支配研究」の結果、たどり着いた結論として、「英語支配」の現実において、「英語支配」を批判するだけでなく、「日本を守る」という理念を基に「国語としての日本語を守る」という「日本語防衛」「日本語の安全保障」の確立を急がなければならない、と考えるようになったのであります。

一．グローバル化が世界の安心と安全を破壊する

現在グローバル化は急速に進んでいます。外国人、外国文化、外国企業が津波のように押し寄せています。軍事的な侵略とは違う、経済的、文化的、精神的な侵略が世界中から日本に押し寄せています。

言語も例外ではなく、すでに冒頭でふれましたが、「英語支配」の勢いは増し、日本語に襲いかかっています。

みなさんは「消滅の危機に瀕する動物や植物」のことは聞いたことがあると思います。いま世界中の動物や植物の多くが消滅の危機に瀕しています。たとえば、日本では日本固有の植物のなんと四分の一は消滅の危機に直面しています。動物も同じで、たとえば日本固有の亀は、外来種であるミドリガメの繁殖により、消滅の危機に瀕しています。外来の動物と植物が繁殖すると、在来種は少数派となり、しまいには絶滅することさえあります。

原因は明らかで、グローバル化の拡大とそれに伴う外来種の侵入です。二〇一七年には、外来種のヒアリの日本への侵入が話題になりました。文字通り「火のようなアリ」で猛毒を持っています。これは海外からの輸入品に付着して日本に上陸したと言われています。数年前の夏にはデング熱の国内感染が話題になりました。これは蚊が媒介して人から人へと伝染

していきます。

グローバル化した今日は、昔とは比べ物にならないほど人間も動物も植物も、そしてウイルスも細菌も世界中を急速に移動しています。ですから、今まではある地域の風土病であったさまざまな伝染病や感染症が、短期間で一気に世界中に広まる状況になってしまったのです。いまだに収束していない新型コロナパンデミックがそれを物語っています。中国の一都市から発生した新型コロナは一気に世界中に広がりました。

感染免疫学が専門の岡田晴恵白鴎大学教授は、すでに二〇一三年に『なぜ感染症が人類最大の敵なのか?』という著書で、グローバル化により高速大量輸送が可能になった現代は感染症の「パンデミック」(世界的大流行)が起きる可能性が高まっており、二一世紀は感染症との戦いの時代になるだろうと警告していましたが、ご存じのようにその警告は現実のものとなりました。

専門家によるこれらの指摘を知ってか知らずか、日本政府は移民政策と観光立国政策をいまだに推し進めています。二〇一九年の時点で、日本在住の外国人は三〇〇万人を超えています。二〇一八年に日本を訪れた外国人観光客は三千万人を超えました。政府はさらに四千万人、五千万人と増やしていこうとしています。これがいかに間違った政策であるかは、いまだに収束していない新型コロナパンデミックを見ればわかります。

いま日本に最も必要なのは、移民政策でも観光立国政策でもなく、感染症の大流行の阻止や、日本人と日本の自然環境を守るような厳格な防疫体制及び安全保障対策であることは言うまでもありません。

二.「世界言語の序列構造」と「英語力を基にした序列構造」

さて、グローバル化が招くこのような危険性についてお話をしたのは、言語にも全く同じことがあてはまるからです。一言でいえば、日本語も消滅の危機にさらされる環境に置かれているということです。

このことを三つの図で説明したいと思います。

まず図2をご覧ください。図2は「世界言語の序列構造」とあります。これは、世界の言語はこの図のようなピラミッドの序列構造になっており、平等な立場にあるのではなく、強い言語が強大な権力を持ち、弱い言語を低く位置づけ圧迫しており、それにより下位に位置づけられた言語は消滅の憂き目にあっていることを示しています。(注1)

■図2　世界言語の序列構造

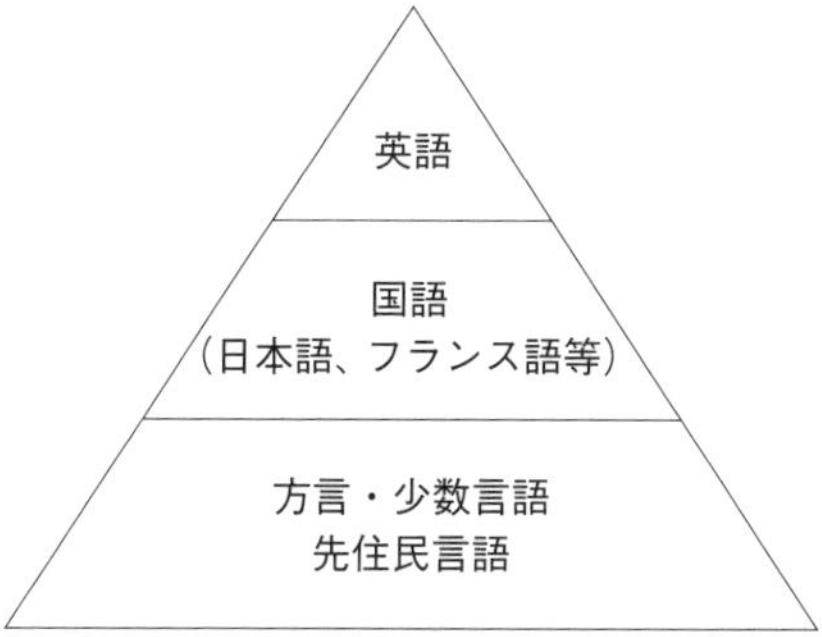

実際、世界中の先住民言語と少数言語がいま急速に消滅しています。アメリカの言語学者マイケル・E・クラウス氏の予測によると、二一世紀末には、世界の言語の90％は消滅する可能性があるということです（Krauss, 1992）。そのほとんどはこの図の一番下にある先住民言語や少数言語、そして方言です。

真ん中にある国語でさえ必ずしも安泰とはいえません。グローバリズムが進んでいけば、グローバルな言語である英語の権力は強大化し、日本語やフランス語といった国語を駆逐していくでしょう。ちなみに、オーストラリアの言語学者R・M・Wディクソン氏は、今から数百年後には地球上にはたった一つの言語しかないだろうと予測しています（ディクソン、二〇〇一）。

これは世界中の国語の消滅を意味します。最後に残るのは一体何語でしょうか？　英語の可能性が高いですが、中国語の可能性もあります。

現在世界の言語の序列構造の一番上にあるのが英語です。英語は国際共通語という権威ある地位にあり、世界のほかの言語を見下ろしています。英語は世界に広がり、ほかの言語にどんどん入り込んでいます。日本で英語が氾濫していることがそのいい例です。フランスでは、あまりにも英語が氾濫するので、英語使用を制限する法律を実施したほどです。フランスではフランス語を必死に守ろうとしているのです。「英語支配」を警戒し、「フランス語の安全保障」を実践しているわけです。それほどまでに英語の圧力は強いということです。

英語には圧力だけでなく、引力もあります。今や世界中の人々が英語に惹きつけられています。そしてその結果、自分の言語から離れてしまう人も少なからずいます。英語国に移民として行った人はおおむねそういう運命をたどります。これが今や地球的な規模で起こっています。日本人も、日本語から離れて英語に乗り換える人がこれから増えるのではないでしょうか。

そして、今や「英語ができるか、できないか」で人間の間に序列の構造ができ上がっています。それを示したのが図3の「英語力を基にした序列構造」です。

英語母語話者とは英語のネイティブスピーカーのことです。英語国の人々です。彼らがこ

■図3　英語力を基にした序列構造

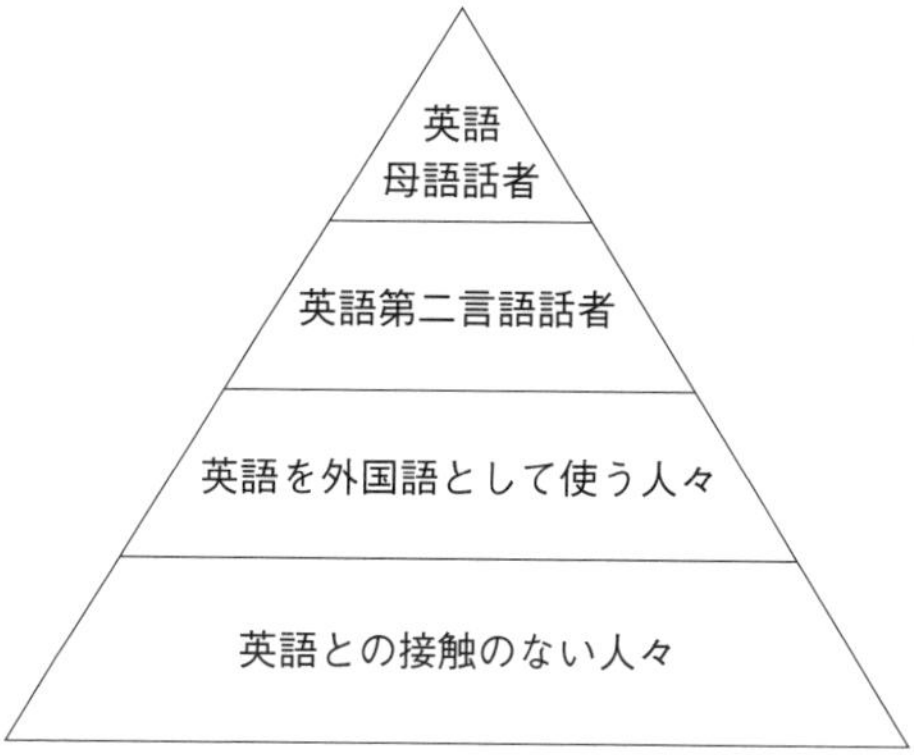

の序列構造の頂点にいて、現在世界のコミュニケーションを独占しています。インド人のエリートたちは、いまだにイギリスのオックスフォード大学やケンブリッジ大学に留学します。その目的は正統な「イギリス英語」を身につけるためです。このように、ネイティブスピーカーが使う英語は巨大な権力となって、世界の人々を支配しています。

次に来るのが「英語第二言語話者」で、これはインド人やシンガポール人といった旧植民地の人々で、日常的に英語を使っている人々です。彼らにとって英語は第二言語ですが、英語のネイティブスピーカー並みの英語力があります。ヨーロッパ諸国のエリートも同じです。

この二つの階層がこの序列構造の「支配階層」です。彼らの権力・権威は英語によって支えられているからです。彼らは「英語力」という権力を持って、序列構造の上位にいるのです。

この二つの階層の人口は、私の推測では、一五億人以上になるのではないでしょうか。しかし、いま世界の人口は約八〇億人ですから、少数派が世界のコミュニケーションを牛耳っていることになります。また、アメリカ、イギリスをはじめとした英語国五か国の人口は合計で五億人ほどですが、「英語第二言語話者」人口は一〇億人以上と言われていて、今後はネイティブスピーカー並みに英語ができるこれらの人々の影響力が大きくなると考えられます。たとえば、インドでは「英語ができる人」はすでに一億人を超えていて、これはイギリスの人口よりも多いのです。

この図の下の二つの階層は、この序列構造では従属的地位に置かれています。ゆえに、彼らの発言力は常に制限されています。日本人は「英語を外国語として使う」階層で、英語を日常語として使っていないので、上の二つの「支配階層」ほどの「英語力」がありません。その結果、従属的な立場に置かれています。

そして、一番下にある「英語との接触のない」階層は沈黙せざるを得ないでしょう。

英語が支配的になった当然の結果として、現在世界にはこのような序列構造ができ上がってしまいました。これを「英語格差」(English Divide)と呼ぶ人もいます。

英語はたしかに「共通語」としての役割を果たしていますが、それだけではなく、人々の間に序列を作り、分断しています。この点を見落としてはいけません。

三．日本の急激な「英語化」と「英語の氾濫」

そして、今や日本人の多くはこの序列構造の上の方に這い上がろうとして英語を必死に学んでいます。日本政府も日本の企業も英語を必死に学ばせようとしています。

その顕著な例が、小学校における英語教育の開始で、英語教育の早期化、低年齢化が始まっています。中学と高校の英語教育は英語で英語を教えなさい、と文部科学省の新しい指導要領で規定しています。大学教育でも、英語で教える講義を増やせと文科省は命じています。

そして、楽天やユニクロといった企業のように、英語を社内公用語にする企業が増えています。二〇一〇年、楽天とユニクロが英語を「社内公用語」にすると発表したときに、私は両社の社長にそれぞれ手紙を書いて、英語を社内公用語にすることはやめなさいと伝えました。そして翌年、『英語を社内公用語にしてはいけない3つの理由』を出版し、なぜ英語を社内公用語にしてはいけないかについて詳しく論じました。しかし、その後も、英語を社内公用語にする企業は増えているのが現状です。

■図4　雑誌（1956年刊行と1994年刊行）の語種構成

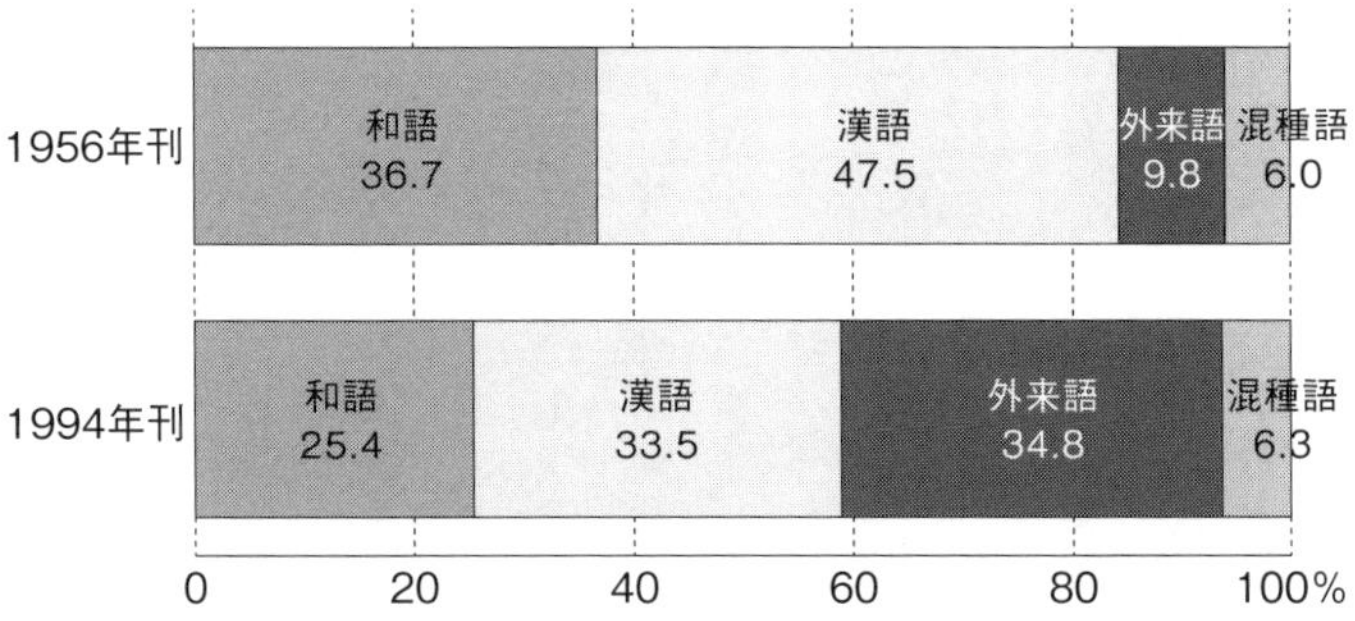

出典：国立国語研究所「外来語」委員会編『外来語言い換え手引き』（2006年、ぎょうせい）231頁

一言で言えば、日本はいま社会全体が急速に「英語化」しているのです。

学校も職場もメディアもすべて、英語が日本語を凌ぐような勢いで社会の中心に居座ろうとしています。特にインターネットが普及した一九九〇年代以降、パソコン関連の英語のことばが激増し、今や「英語の氾濫」状態です。メール、アドレス、ファイル、アクセス、ワード、アナログ、デジタル、クリック、コピー&ペースト等々今や日常のコミュニケーションの基本的な語彙となり、日本語が急速に英語に置き換えられると同時に、新しい英語のことばが日本語に怒涛の如く入り込んでいます（「英語の氾濫」については次の第六章で詳しく論じます）。

図4にあるように、国立国語研究所の調査によると、すでに一九九〇年代に雑誌で使われている言葉

は、「外来語」が34・8％と最も高い比率となっており、「漢語」「和語」を凌駕しています。

社会の「英語化」が進めば、日本人の「英語化」、日本人の心の「英語化」が起きても不思議ではありません。近い将来、日本語を捨てて、英語のみを使う日本人が出てきても不思議ではないでしょう。小さい頃から英語を学んでいる子供たちがそうなる可能性は十分あります。とにかく、英語力を高めることは個人に利益をもたらすからです。英語の引力の影響です。

しかし、このように「英語化」が進み、日本語から離れる人が増えるとしたら、日本人の感性や日本人の心を持った人が少なくなってしまいます。それは日本語の衰退、ひいては日本自体の衰退を招くことになるのは言うまでもありません。

四.「国語としての日本語を守る」という理念の確立

この点に気づいて警鐘を鳴らしたのが、作家の水村美苗氏で、水村氏は二〇〇八年に『日本語が亡びるとき〜英語の世紀の中で』を出版して話題を呼びました。

水村氏は、英語支配の圧力と引力により日本のエリートたちは遅かれ早かれ日本語から離れ、英語のみを読み、英語のみを書くことになるだろう。そうなると日本文学の上質な担い手がいなくなり、日本文学の質が落ちることになる。現に現代日本文学は目を覆いたくなるほどに大衆化してしまい、幼稚化している。日本文学の質の低下は、究極的には日本語自体の衰退につながる、と警告を発しているのです。

水村氏の『日本語が亡びるとき』を読むと、日本語の悲惨な未来を想像し、暗澹《あんたん》たる気持ちになるほどです。

ではどうしたらよいのか？

さいわい水村氏は処方箋を出しています。それもかなり激しい情熱を持って、「日本語防衛」「日本語の安全保障」について語っています。以下、少し長いのですが、『日本語が亡びるとき』の一節を紹介いたします。

水村氏は次のように熱く語ります。

『もし、私たち日本人が日本語が「亡びる」運命を避けたいとすれば、……

（中略）学校教育を通じて多くの人が英語が出来るようになればなるほどいいという前提を完璧に否定し切らなくてはならない。

そして、その代わりに、**学校教育を通して日本人は何よりもまず日本語ができるよう**

になるべきであるという当然の前提を打ちたてねばならない。

英語の世紀に入ったがゆえに、その「当然の前提」を、今までとはちがった決意とともに、全面的に打ちたてねばならない。……〈普遍語〉（筆者注：つまり英語）のすさまじい力を前にはその力を跳ね返すぐらいの理念を持たなければならないのである。

そして、そのためには、学校教育という、すべての日本人が通過儀礼のように通らなければならない教育の場において、**〈国語〉としての日本語を護る**という、大いなる理念を持たねばならないのである。』

（水村、二〇〇八、二八四―二八五頁）（原文では太字部分は傍点）

みなさんはどうお感じになりましたか？

私は一〇〇パーセント同感です。

この強い決意こそが「日本語の安全保障」の精神なのです。

水村氏は、日本語が亡びることを防ぐために、まず現在の学校教育を覆っている「前提」を転換しなければならないと訴えています。その「前提」とは、「多くの日本人が英語ができるようになれば良い」という「前提」です。この「前提」を水村氏は完璧に否定せよと訴えています。

それはなぜなのでしょうか？

「多くの日本人が英語ができるようになった方が良い」と思っている。その何が問題なのか。

これに対して、水村氏は次のように答えています。

『非・英語圏の〈国語〉にとっての、さらなる悲劇は、英語ができなくてはならないという強迫観念が社会の中に無限大に拡大していくことにある。ことに大衆社会においてほど、その強迫観念は、無目的に人々を捉える。なぜこの自分に英語が必要なのかなどという問はさておき、周りが皆英語ができなくてはと焦っているのを見るうちに、我もと、自然に焦らざるを得なくなるからである……（中略）英語ができなくてはという強迫観念は疫病のように日本中に広がり、街には苦もなく英語を話せるようになるという会話教室の広告が氾濫している……

（中略）わけがわからぬまま、そして、はっきりとした目的もないまま、日本中が猫も杓子も英語を学ばねばという気にさせられているのである。』

（水村、二八五―二八六頁）

学校教育における「多くの人が英語ができるようになることは良い」という「前提」は、結果的に日本人に「英語ができなければならない」という強迫観念を植え付けており、英語へのコンプレックスを抱かせてしまっている。しかもそれが「疫病」のように日本中に広がっていると水村氏は警告しています。

英語に対する強迫観念やコンプレックスが日本の社会に広がっているということは、日本人が英語に精神的に支配されていることと同じです。この英語への精神的呪縛、とらわれは、日本人にとって大きな精神的損失です。英語にとらわれることにより、アメリカやヨーロッパに対してコンプレックスを感じ、従属的な立場を感じさせられ、それが固定化してしまいます。

ですが、その元凶は学校教育に浸透している「多くの人が英語ができる方が良い」という「前提」なのです。だから、水村氏はその「前提」を全面的に否定して、日本人を英語へのとらわれから解放し、そして新たな「前提」を打ちたてなければならないと訴えているのです。

その新たな「前提」とは、「日本人は何よりもまず日本語ができるようになるべきである」という「当然の前提」であり、この「前提」の根本には、英語を跳ね返すほどの大いなる理念としての「〈国語〉としての日本語を護るという決意」がなくてはならないと水村氏は訴えています。

五．日本語を守るという安全保障意識の確立

水村氏の主張を一言で言い換えれば、「日本語を守るという安全保障意識の確立」が必要だということです。

現在日本を覆い尽くしている「英語ができなければならない」という強迫観念、学校教育に行き渡っている「多くの日本人が英語ができなければならない」という「前提」を脱却して、当然の前提である「日本人は何よりもまず日本語ができなければならない」という当たり前の理念を打ちたて、「国語としての日本語を護る」という理念を実現化すべきであると言っています。

英語へのとらわれから解放され、日本語中心の精神構造を確立すべきであると訴えています。この意識の転換こそまさに「日本語の安全保障意識の確立」と言えるのではないでしょうか。英語への強迫観念やコンプレックスを脱却し、「国語としての日本語を護る」という「日本語の安全保障意識」に目覚め、「日本人はまず何よりも日本語ができなければならない」と確信する日本人が増えることが、日本と日本語を守っていくのではないでしょうか。

言い換えれば、明治時代から「先進文明の言語」として英語、フランス語、ドイツ語が日本語よりも優れた言語として見なされ、日本語は劣った言語として「否定」されてきたのです。それが、戦後ますます強まり、英語を優先し、日本語を「否定」する「日本語否定の意識」はさらに広がっていきました。その結果、学校教育において、「多くの日本人が英語ができなければならない」という誤った理念が当然の前提としてまかり通るという事態を招いてしまったのです。「日本人は何よりもまず日本語ができなければならない」という当然の前提が完全に無視されてしまったのです。

私がここで言っている「日本語を守るという安全保障意識の確立」は、当たり前のことを主張しているのです。その「当たり前のこと」が完全に否定されているのが今の日本の現実です。日本ばかりでなく、「自国語を守ること」は世界のどこの国でも当たり前のことなのです。「自国語を守る」安全保障意識はあってしかるべきことであるにもかかわらず、日本人にはそれが希薄なのです。それは、すでに話したように、日本は島国であるがゆえ外敵からの侵略がほとんどないという恵まれた歴史があったためでもありますが、明治時代以降は、欧米諸国の侵略により、近代化と西洋化をせざるを得なかったことが大きく影響し、その結果すべての分野において、日本は欧米諸国に「劣等感（コンプレックス）」を抱いてしまい、自らの伝統と文化の多くを捨てるか、軽視して来たのです。

言い換えれば、欧米を「理想」と仰ぎ、自らを「否定」しながら、近代化と西洋化を行ったのです。日本人の生活の根本である「衣食住」も大きく変わり、着物は洋服になり、和食は洋食になり、住まいは和風から洋風へと変わったのです。そして、第四章で論じたように明治の初代文部大臣森有禮は「英語を国語に」すると提案し、戦後作家の志賀直哉は「フランス語を国語に」と提案しています。

さいわい、これらの提案は実現しなかったのですが、英語などの西洋語を上に仰ぎ見て、日本語を低く見る「日本語否定」の意識はいまだにあります。それは、すでにふれましたが、今日の日本のあらゆる分野やあらゆる場面に見られる「英語の氾濫」と「英語化」に映し出されています。最近、小学校で「英語」が正式科目になりましたが、これは「せめて自分のかわいい子供だけは英語が話せるようになってほしい」という日本人の「強迫観念」が圧力となって実現したものです。明治時代からの「外来崇拝」、すなわち「自己否定」の意識は、今や日本人の中に深く浸透してしまったのです。

ＧＤＰでは世界第三位、そして国家ランキングでもトップ・テンに常に入っており、Ｇ７諸国のメンバーでもある日本は、れっきとした「先進国」であるのは間違いないのにもかかわらず、日本人は自国に対しても、日本語に対しても自信と誇りを持っていない、つまりいまだに「否定的」であり「肯定的」ではないのです。いまだに「英語コンプレックス」に縛られて、「日本語」を「否定」し、誇りと自信を持っていない。それはまるで、都会に出てきた地方出身者が地元の方言を恥ずかしく思う気持ちと似ています。そういう意識が続いていると、その方言は衰退していきます。それと同じで、英語をはじめとした西洋語との比較で、日本語を低く見る「否定的」な意識を日本人が持ち続けると、日本語の衰退は避けられないものとなるのではないでしょうか。

ゆえに、日本語を「肯定」することが必要なのです。そして、一人ひとりの日本人が日本語に誇りと自信を持って、「日本語を守るという安全保障意識」を確立する必要があるのです。日本語を存続させるために。

六．日本語を守るために私たちは何をすべきか？

ここまで、今こそ日本人は「日本語を守るという安全保障意識」を確立しなければならないということをお話ししました。その理念はご理解いただけたと思います。

それでは「日本語を守る」ために、具体的にどんなことをしたら良いかということについても論じておかなければならないと思います。今日は三つの提案をしたいと思います。

(一)「日本では日本語を使う」意識の確立と実践

まず第一の提案ですが、**「日本では日本語を使う」**という提案です。

そんな当たり前のことをわざわざ言うなと怒られそうですが、もちろん日本人同士では日本語を使っていると思います。しかし、これがひとたび外国人が現れると、ほとんどの日本人は「英語を話さなければならない」と思ってしまうのが現実です。特に欧米人に対しては、ほとんどの人が「英語を使わなければならない」という強迫観念を持っているほどです。

しかし、冷静に考えてみてください。私たち日本人は、私たちの国である日本にいるときには、いかなる状況にあろうとも「日本語を使う権利」があるのです。これを「言語権」といいますが、日本で外国人に会ったとき、英語を使うということは、自国語を使う「言語権」を放棄することになります。

「英語を使う」ということは「日本語を使わない」ということであり、これをいつまでも続けていたら、日本は「日本語を使わない国」になってしまいます。それではまるで植民地です。日本で日本人が英語を使えば使うほど、日本は「英語の植民地」になります。

なりますというよりも、もうすでになっているかもしれません。日本の街は英語で溢れています。大都市に行くと、看板や店の名前は英語だらけです。テレビやラジオも英語で溢れています。テレビのコマーシャルで英語が使われていないものはほとんどないでしょう。また、コマーシャルにはわけもなく外国人が登場します。日本の車の宣伝なのに、なぜか外国人家族が登場します。また、ある商品のコマーシャルでは外国人が主人公を務め、日本人が脇役になっています。まるで、外国人が中心で、日本人はしもべであると言っているかのようです。

マスメディアによるこういう日常的な洗脳により、日本人は日本でも英語を使うように仕向けられているのです。

しかし、日本は植民地ではないのですから、日本にいるときは誰に対しても日本語を使うべきですし、その権利があるのです。

日本語を使うことによって、日本の独立、主権国家であること、日本の自立、日本の誇りを表明することができるのです。たとえどんなに上手な英語を話せるとしても、日本にいるときに英語を使うということは、日本語を使わないということになり、それは英語への服従、英語への屈服を意味するのです。

英語に服従しない。英語に屈服しない。そのことを示すために、私たちは日本にいるときはいかなる状況においても日本語を使うべきであります。

日本人が英語を使い続ける限り、欧米人との主従関係は変わらない。英語を使い続ける限り、欧米人が支配者であり、日本人はそのしもべであるという精神構造が続いてしまいます。対等な関係が築けません。それを断ち切るために、「日本では日本語を使う」という意識を持つこと、そしてそれを実践することが大事であり、それこそが、日本語と日本を守り、ひいては日本を真の独立国に導くのです。

(二)「日本語は日本を守る防波堤」意識の確立

みなさんは日本語に守られていると感じたことがありますか?

実際、私たちは日本語に守られているのです。日本語があるからこそ毎日生きていられるのです。なぜなら、現代の日本は、仕事も教育もマスメディアも経済も福祉もすべての活動が日本語で行われているからです。

そう、日本は「日本語で何でもできる国」なのです。みなさんはそれを当たり前と思っているかもしれませんが、社会のあらゆる活動を「自国語」でやれることができる国は限られています。英語を公用語としている国と地域は約80にものぼります。そのほとんどはもともと「非英語国」です。言い換えれば、外国語が国語や公用語になっているのです。欧米諸国に植民地化された国々は、今でも英語をはじめとした支配者の言語が国語や公用語になっています。つまり、自国語ではなく外国語が国語や公用語になっています。外国語ができないと社会のさまざまな活動に参加できなくなります。

それに比べたら日本は「日本語で何でもできる国」を実現させました。そしてそのことにより、日本を外敵から守ることができているのです。「日本語で何でもできる体制」そのものが立派な「ことばの安全保障体制」の基礎になっているのです。なぜなら、「日本語で何でもできる国」は「日本語ができないと日本での活動を不可能にしている」からです。つまり、日本語ができないと、外国人は日本で生活することが難しくなります。つまり、日本語が防波堤となって日本を守っているのです。すなわち、「日本語は日本を守る防波堤」なのです。

少し前の話になりますが、日米構造協議というのがありました。そこで、アメリカが主張したことが、「日本語は最大の『非関税障壁』だ」という日本に対する非難でした。要するに、日本語が「壁」になって自由貿易ができないと文句を言っているのです。

アメリカにこのようなフラストレーションを感じさせたこと自体が、「日本語は日本の防波堤」になっていることの証明です。

日本は「日本語で何でもできる国」を実現することにより、外国の侵入を容易には許さない安全保障体制の基礎を確立しています。これを堅持すること、そして強化することが大事です。つまり、「日本語は日本を守る防波堤」であるという意識を日本人一人ひとりが持つことが大事です。日本の各分野において外国語の使用を安易に許してはならないのです。

(三) 大学で日本語を必修科目にすべきだ

私の第三の提案は、**「大学教育で日本語を必修科目にすべきだ」**というものです。

大学教育の現状を見ると、英語はどこの大学でも必修科目になっていますが、国語、つまり日本語を必修科目にしている大学は数えるほどしかありません。

この英語偏重の大学教育こそ、日本の大学がいかに日本語をないがしろにしているかの動かぬ証拠です。

大学は今こそ英語を選択科目にして、「国語としての日本語」を必修科目にすべきです。そして日本語がきちんとできる日本人を育成すべきです。

冷静に考えると、現在の大学教育は異常事態が当たり前になっています。何が異常事態かというと、外国語、つまり英語が必修科目になっていて、国語である日本語が選択科目にすらなっていないのです。国語が完全に無視されています。これを異常事態と呼ばずしてなんと呼ぶのでしょうか。

明治時代以来の欧米信仰、外来信仰が骨の髄まで染み付いて、それが今でも大学教育をいびつにしているのです。

外国語が中心になっている教育は歪んでいます。水村美苗氏は「日本人は何よりもまず日本語ができるようになる」ことが学校教育の「当然の前提」である、と言っています。その「当然の前提」の「かけら」もないのが現在の大学教育の実態といえます。

そもそも、教育において自国語が中心になることが「当然」なのです。その「当然」のことが行われていないのが現実です。

多くの大学関係者が、日本の教育の歪みと異常事態に気づいて、「日本語中心の教育」に転換することを期待したいと思います。

七．なぜ日本人には安全保障意識が欠如しているのか？

おそらくみなさんは今まで「日本語の安全保障」などという概念は聞いたことがないと思いますし、考えたこともほとんどないと思います。

ことばを安全保障と結び付けて考えるということ自体あまりなされておりません。なぜなら、「日本語が消滅するかもしれない」などと考えないからです。しかし、今までお話ししたように、それは十分に起こりうることなのです。

先ほども言いましたが、今日、「英語支配」がますます広がり、ほかの言語を圧迫しております。ですから、日本語の衰退を防ぐために、「日本語の安全保障」、つまり日本語を守る意識を持ち、その準備と体制を整えることが緊急に必要なのです。

そもそも「安全保障」とは、『広辞苑』によりますと、

「外部からの侵略に対して国家および国民の安全を保障すること」

とあります。

最近は、北朝鮮のミサイル発射が頻繁に起きており、日本の安全は常に脅かされています。このミサイルを迎撃したとして、国土と国民の生命を守ることができるでしょうか。

私は残念ながらできないと思います。実際に日本に向けてミサイルが発射されたら、日本はなすすべがないと思います。ですから、相当深刻な被害が出ると思います。このように、現在の日本の軍事的な安全保障は非常に不十分です。

それではなぜ日本の安全保障は不十分なのでしょうか？

それは戦後七〇年以上、日本は安全保障についてアメリカに依存しているからです。要す

るに、アメリカに甘えているのです。自分の国を自分で守ろうという気概がないからです。日本人に自立心が欠けているからです。多くの日本人は何かあるとすぐに人に頼ろうとする。依存心が強い。だからアメリカにいつまでも支配されるのです。

これだけでなく、そもそも日本人は「防衛意識」や「安全保障意識」が非常に希薄な民族であるということです。

みなさんも自分の胸に手を当てて自分に問いかけてみてください。

「自分は果たして、外敵の侵略に備え、自分を守るために日々意識的に努力しているか」自分に聞いてみてください。「努力している」と答えられる日本人はあまりいないと思います。

やはり日本は島国ですので、歴史を振り返っても外国から侵略された経験がほんの数回のため、どうしても国民の中に「防衛意識」が育たなかったのだと思います。「安全保障」を真剣に考える習慣を持っていないのだと思います。

諸外国の例を見ると、水も安全もただではありません。特に安全にはどの国もたくさんのお金をかけて守ろうとしています。それは世界中のほとんどの国はとなりの国々と地続きで、いつなんどき、隣国が攻めてくるかもしれないという緊張感の中で暮らしてきたからです。

アメリカのドナルド・トランプ氏は「アメリカとメキシコの国境に壁を建てる。そしてその費用はメキシコが払う」と言って大統領に選ばれました。トランプ氏がアメリカ人に支持されたのは、アメリカ人にはそもそも強い「安全保障意識」があったからだと私は考えています。

西洋では、歴史的に国や街は全市民で守らなければならないという精神的伝統があるのです。街が壁で囲まれ要塞のようになっており、外敵から守っています。いざ戦争になると軍人も市民も一緒になって戦います。それが市民の義務だったのです。こうして彼らの「防衛意識」は歴史的に作られてきたのです。

ところが日本では、戦争は武士のみが戦ったのです。戦争は城を攻めることを中心に行われましたが、城下町に住む町人にとっては関係のないことで、彼らは「戦争なんて迷惑だ」くらいにしか思っていなかったのです。

このことは、小説家山本周五郎のエッセイに書いてありました。「歴史と文学」という講演を基にしたエッセイの一節が「庶民は政治と無関係」となっており、山本周五郎は次のように言っています。

『ここにある城があって、片方が攻めてきますと、戦うのは城主と城主に付属する侍だけであって、城下の民たちは、すっかり立ちのいてしまう。あとは侍同士がチャンバラをやって、進攻してきた武将が城を乗っ取って落ち着くとしますと、立ちのいた城下の人たちが帰ってくる。

(中略)

こういうことが、日本の庶民の慣性のようなものになっていて、歴史的な事件に対しても、普遍的な事件に対しても、普遍的な一つの関心にまで高まることはない。「どこかで、何かが行われている。しかし、おれたちの知ったことではない」これが歴史、政治に対する日本の庶民の、大まかな態度ではなかったかと、私は思うのであります。』

(山本、一九八四、三三頁)

戦国時代だけでなく今でも、日本人の感覚はだいたいこんなものではないでしょうか。これでは一般庶民の間に「防衛意識」が育つはずがありません。「安全保障? アメリカに任せておけばいいんじゃないの」「尖閣諸島くらい中国にあげてもいいんじゃないの」「今は英語の時代だから、日本語より英語だね」と思っている日本人は意外と多いかもしれません。

そして、武士たちも江戸時代に入り戦争のない時代が続くと「安全保障意識」が徐々に薄れていったのです。

さらに、あの大東亜戦争に敗れると、日本人の「防衛意識」は急速に薄れ、今日に至っています。「愛国心」を持つことはタブーになったほどで、それは今でも変わっていません。

ですから、私は本日三つの提案をしましたが、果たして日本人がこれにこたえてくれるかは、はなはだ疑問です。「日本語の安全保障？　そんなこと知ったことか」と言われるのが目に見えています。

日本人の間に、「安全保障意識」を打ちたてるのは本当に至難の業であります。それよりも国民の多くは、英語ができるようになり、少しでも収入を上げることばかり考えているのが現実ではないでしょうか。

第五章おわりに～「甘え」と「外来崇拝」を捨てよ！

日本は戦前は軍事大国になり、現在は経済大国になりましたが、その陰でかけがえのない「日本文化」を葬ってきました。その結果、日本文化がどんなものであるか、その価値がわからない日本人ばかりになってしまったのです。

そして、国際化だ、グローバル化だと言って、全国民が英語漬けにされています。これに流されていったら、果たして日本に明るい未来はあるでしょうか？　日本は、そして日本語は存続するでしょうか。

残念なことに、日本政府は日本人を「英語漬け」にして、日本語から引き離しています。日本政府の姿勢からは、「日本語を守る」という意欲が全く感じられません。それどころか、日本人を「英語漬け」にして、グローバリズムばかりを推し進めています。

今、最も必要なのは日本人の根本的な「意識改革」です。

先ほど話した提案に加えて、少なくとも二つの「意識改革」を行わなければなりません。

一つは、アメリカへの「甘え」からの脱皮です。自分の身は自分で守る、自分の国は自分たちで守るという「当たり前の」意識を確立することです。

日本人は「甘え」の精神が強くて、安全保障を他人任せにしてきましたが、この「甘え」を捨てるべきです。「俺たちの知ったことか」では済まないのです。もっと「自立」と「自己責任」の精神を持つべきです。「甘え」の反対語は「自立」。この精神を確立すべきです。「自立」の精神がないと、日本は永遠にアメリカの属国になります。

二つ目は、「外来崇拝」からの脱皮です。昔から日本人は、外国から来るものをやたらとありがたがってきましたが、もうそんな悪い習慣はやめるべきです。日本には世界に冠たる日本語と日本文化と日本の自然があるではないですか。そのすばらしさに気づき、肯定すべきです。

この意識改革を成し遂げて、「日本語の安全保障」のために行動する日本人が今まさに必要なのです。そういう日本人がたくさん現れないと、日本語は、そして日本は消滅します。日本人が長年患ってきた悪い習慣である「甘え」の精神と「外来崇拝」。日本と日本語の未来は、この二つの悪い習慣を私たちが克服できるかどうかにかかっているのです。

※注

1．図2は水村美苗氏（二〇〇八）の議論をヒントに作成。水村氏は著書で、「普遍語」「国語」「現地語」という言語の序列があると論じている。この議論を基に、いくつかの用語を修正した。この場を借りて、水村氏に御礼申し上げます。

引用文献

岡田晴恵（二〇一三）『なぜ感染症が人類最大の敵なのか？』（ベスト新書）

国立国語研究所「外来語」委員会編（二〇〇六）『外来語言い換え手引き』（ぎょうせい）
津田幸男（一九九〇）『英語支配の構造』（第三書館）
津田幸男（二〇〇六）『英語支配とことばの平等～英語が世界標準語でいいのか？』（慶應義塾大学出版会）
津田幸男（二〇一一）『日本語防衛論』（小学館）
津田幸男（二〇一一）『英語を社内公用語にしてはいけない3つの理由』（CCCメディアハウス）
津田幸男（二〇一三）『日本語を護れ！～日本語保護法制定のために』（明治書院）
R・M・Wディクソン（二〇〇一）『言語の興亡』（大角翠訳）（岩波新書）
水村美苗（二〇〇八）『日本語が亡びるとき～英語の世紀の中で』（筑摩書房）
山本周五郎（一九八四）「歴史と文学」（二六一―三八頁）『小説の効用・雨のみちのく』（山本周五郎全集第三〇巻）（新潮社）
Krauss, Michael E.（1992）The World's Languages in Crisis. *Language* 68 (1): 4–10
Tsuda, Y.（1986）*Language Inequality and Distortion in Intercultural Communication: A Critical Theory Approach.* The Netherlands: John Benjamins
Tsuda, Y. (2018) 'English Hegemony' In *The International Encyclopedia of Intercultural Communication*. Ed. by Y. Y. Kim（Vol.I）, pp.720–725 Wiley–Blackwell.

※出典：本章は、『英語支配と日本語の安全保障～日本語を守るために何をすべきか』（日本国史学会講演［令和四年七月九日、日本経済大学渋谷キャンパス］）を改訂したものである。

第六章　「英語の氾濫」の実態と対策
～あえて「外来語規制法」を提案する

第六章はじめに

「英語の氾濫」がとどまるところを知らない。街の至る所に英語が氾濫している。平成二五年六月にはついに訴訟まで起きた。「ＮＨＫの番組には外来語が氾濫し、精神的苦痛を受けた」と、岐阜県の男性がＮＨＫを訴えたのである。また、いくつかの調査は、「日本人の約80％は外来語がわからず困った経験をしたことがある」「日本人の約80％は外来語が多いと感じている」という結果を報告している。

「英語の氾濫」は現実であり、これをどうするかは日本にとって喫緊の課題である。

本章では、まず「英語の氾濫」の実態を報告し、政府はどのような対策をとってきたのかを明らかにする。そして、哲学者九鬼周造の「外来語規制論」を基に、「英語の氾濫」を食い止める方策として、「外来語規制法」の草案を提示する。

一．「英語の氾濫」の実態

「英語の氾濫」の実態として、ここでは次の七つの例を報告する。

①雑誌における外来語の急増、②コンピューター用語の急増、③ショッピングモール内の店名の英語化、④看板文字の英語支配、⑤会社名（略称・通称・ロゴ等）の英語化・アルファベット化、⑥外国映画の題名のカタカナ化、⑦ニュースで使われる外来語の増加

①雑誌における外来語の急増

国立国語研究所の調査（二〇〇六）によると、雑誌における外来語の使用率が急増しているのが実態である。この調査では、一九五六年発行の七〇種類の雑誌と、一九九四年発行の九〇種類の雑誌を比較し、以下のような結果を得た。

すでに、第五章図4（一六八頁）にあるように、雑誌における外来語の使用率は、9・8％から34・8％となり、なんと3・5倍の増加である。さらに、漢語と和語の使用率がいずれも減少している。その結果、外来語が最も多く使われているのである。

■表3　自国語に直されたコンピューター用語の数（100のうち）

ドイツ、デンマーク	48
日本	4

※キルシュネライト（1997）を基に作成

②コンピューター用語の急増

インターネットが普及し始めた一九九〇年代からコンピューター用語が急増している。メール、アドレス、ログイン、アクセスなどが日常のコミュニケーションに溢れている。

ドイツ人の日本研究者であるイルメダ・日地谷・キルシュネライト氏は、NHK教育テレビの『視点・論点』という番組で「ガイライゴノガイ」と題して話をしている（一九九七年）。その中で、日本、ドイツ、デンマークの三か国で、一〇〇のコンピューター関連の英語がどれくらい自国語に直されているかという調査結果を以下のように報告している。（表3）にあるように、ドイツとデンマークではそれぞれ四八のことばが自国語に直されているのに対し、日本ではわずか四つのみである。日本ではいかに多くの英語が日本語に直されずにそのまま使われているかがよくわかる。インターネットとパソコンの普及が「英語の氾濫」を悪化させているのである。

③ショッピングモール内の店名の英語化

私は試しに近所のショッピングモールの店名の言語分布を調べてみた（二〇一四年）。すると次のような結果が出た（表４）。

ご覧のように、アルファベットの店名が圧倒的な多数である。アルファベットの店名とカタカナなどの混合とカタカナのみの店名を合計すると80％を超えている。ショッピングモールはまさに「英語の氾濫」の「総本山」である。

■表４　あるショッピングモール内の店名に使われている文字の比率

アルファベットのみの店名	112（67.9％）
漢字またはひらがなのみの店名	32（19.4％）
漢字・ひらがな・カタカナ・アルファベット混合の店名	17（10.3％）
カタカナのみの店名	4　（2.4％）

※2014年、筆者による調査を基に作成

④看板文字の英語支配

田園調布学園大学の染谷裕子氏は、二〇〇五年に小田急線の百合ヶ丘駅周辺の店の看板の文字の調査を行っている。染谷氏によると、看板の文字の45・3％はアルファベット、17・8％が漢字、カタカナが14・7％、ひらがなは3・4％で、残りはそれぞれの混合使用ということだった（染谷、二〇〇九）。

ショッピングモールほどではないが、街中の店の看板も「英語（アルファベット）支配」であることがわかった。カタカナのほとんどはおそらく外国語であると思われるので、街中の店の看板の60％は外来語・外国語ということになる。

多くの日本人は駅周辺で買い物したり、週末はショッピングモールに行ったりしていることを考えると、まさに「英語の氾濫」は日常生活の一部となっており、人々はそれに対してなんの疑問も感じない「麻痺状態」になっているのではないだろうか。

⑤会社名（略称・通称・ロゴ等）の英語化・アルファベット化

その略称・通称・ロゴ等も含み、日本の会社の名称表記が急速に英語化・アルファベット化している。日本国有鉄道が一九八七年に民営化してＪＲとなって以来、ＮＴＴ、ＪＡ、ＪＴといった具合に英語化・アルファベット化が増えていった。二〇〇八年に、松下電器が、「パナソニック（ＰＡＮＡＳＯＮＩＣ）」に変更すると、その後、ＮＩＳＳＡＮ（日産）、ＳＨＩＳＥＩＤＯ（資生堂）のように、日本語をアルファベット化する例が増えている。正式な会社名は日本語だが、略称・通称・ロゴ等が英語化・アルファベット化しているといえる。

⑥外国映画の題名のカタカナ化

社会言語学者山田雄一郎氏は、映画雑誌を調査して、外国映画の公開題名のカタカナ化の増加を明らかにしている（表5）（山田、二〇〇五）。

「カタカナ題名」とは、たとえば「ターミネーター」のように、英語をカタカナで表し、そのまま使っている場合である。つまり、一九八〇年代以降は外国映画の半分以上は外国語をそのままカタカナで表して題名にしているということである。

外国映画の題名の「カタカナ化」あるいは「原語化」は、日本人がもはや「翻訳」の努力をしようとしていないことの表れであると同時に、日本語自体の「カタカナ化」〜たとえば、「片仮名」を「カタカナ」、「普通」を「フツー」〜が進行していることの表れでもある。

■表5　外国映画のカタカナ題名の割合

1955 〜 59	3.6%
1970 〜 74	40.0%
1980 〜 84	62.0%
1990 〜 94	52.3%
2000 〜 2002	55.2%

※山田（2005）を基に作成

⑦ニュースで使われる外来語の増加

テレビのニュースで使われる外来語も増加している。

塩田雄大氏の「放送の外来語〜傾向と対策」（二〇一二）によると、一九六七年の調査では、NHKテレビニュースには一分間につき2・5の外来語が使われ、一九七七年では2・7とわずかに増えた。そして、一九八三年の調査では、3・6とかなり増加したが、これはニュースではなくNHKと民放の高視聴率番組を調査したものである。

私は試験的調査として、「NHKの正午のテレビニュース」三回分（平成二五年八月二一日、平成二六年五月二一日、平成二

■表6　NHKテレビニュース（正午）に使われている外来語の数

	1分間に使われる外来語の数
1回目	5.33
2回目	4.73
3回目	5.67
平　均	5.24

2013年8月及び2014年5月筆者による調査を基に作成

六年五月二六日）に使われている外来語の使用数を調べてみた。その結果は（表6）の通りである。

ご覧のように、一九六〇－七〇年代と比べて、外来語の使用数はかなり増加している。調査の内容を少し説明すると、各ニュース番組を録画し、一五分間に使われる「外来語」の延べ数をまず集計した。第一回目の外来語使用数（延べ数）が80、第二回目が71、そして、第三回目が85であった。それぞれの数を放送時間の15で割った数が（表6）に示されている。おのおの数字は毎分使われる外来語の数を示している。

調査したテレビニュースの数が三回と極めて少ないので容易に結論づけられないが、この試験的調査を見る限り、NHKのテレビニュースでは、一九六〇－七〇年代と比べて、「外来語の使用数」が増加傾向にあると考えられる。

二．「英語の氾濫」に対して何をしてきたか？

日本社会の全般にわたって「英語の氾濫」が広がっていることが明らかになったが、これに対して、日本政府及び関係機関は何をしてきたのか？　一九九〇年代から現在までに限定して概観してみる。

①内閣告示（一九九一年）～「外来語の表記」

一九九一年二月、国語審議会は「外来語の表記」という答申を出した。そして同年六月にこの答申を内閣告示として発表し、政府の提案を正式化した。

まず、「外国語から国語に取り入れた語を外来語という」と「外来語」の定義を提示し、さらに、「外来語」を「国語化」の程度によって、以下のように三種類に分類している。

（1）「たばこ」「てんぷら」など国語に融合していて外国語とは思えないもの
（2）「ラジオ」「ナイフ」など国語として熟しているが、外国語の感じが残るもの
（3）「ジレンマ」「フィクション」など外国語の感じがたぶんに残っているもの

そして、「外来語の表記」に使われる仮名と符号の表を提示している。

しかし、この「告示」は外来語を使うときの「よりどころ」であり、強制ではないことを強調している。

②「厚生省作成文書におけるカタカナ語使用の適正化について」(一九九七)の通達

介護業務などで「デイケア」をはじめとする外来語が氾濫しているとの批判を受けて、厚生省はまず一九八九年に「用語適正化委員会」を設置し、そして一九九七年に「厚生省作成文書におけるカタカナ語使用の適正化について」を通達した。

この通達によると、厚生省作成の文書において、(1)できる限り日本語を使うこと、(2)極力外来語使用を避けること、という二つの原則を打ち出している。

このようなはっきりとした原則を打ち出したのは、政府各省庁の中では初めてであり、非常に画期的な通達であるといえる。

③国語審議会答申(二〇〇〇)〜「国際社会に対応する日本語の在り方」

国語審議会は二〇〇〇年に「国際社会に対応する日本語の在り方」を答申し、その中で、「外来語の氾濫」についてかなり批判的な視点を示している。

『外来語・外国語の安易な使用は和語・漢語の軽視につながり、歴史の中で築かれ磨かれてきた日本語の機能や美しさが損なわれ、伝統的な日本語のよさが見失われるおそれもあると言える。』

そして、外来語に対してはどのような対策が必要か、特に「官公庁」と「新聞・放送等」と名指しをして、次のような「勧告」ともいえるような主張をしている。

『官公庁や新聞・放送等においては、発信する情報の広範な伝達の必要性及び人々の言語生活に与える影響の大きさを踏まえ、一般に定着していない外来語・外国語を安易に用いることなく、個々の語の使用の是非について慎重に判断し、必要に応じて注釈を付す等の配慮を行う必要がある。』

「官公庁」と「新聞・放送等」と明記をして、外来語使用に対し「慎重にすべき」と主張したこの答申も「英語の氾濫」を食い止めようとする政府の姿勢をうかがわせるものである。

④国立国語研究所「外来語」委員会（二〇〇六）～『外来語言い換え手引き』発行

二〇〇六年、国立国語研究所「外来語」委員会は『外来語言い換え手引き』を発行した。この手引きには一七六の外来語に対する日本語の「言い換え語」が示されている。たとえば、「インパクト」の「言い換え語」は「衝撃」という具合である。「言い換え語」そのもの以外には、「用例」「意味説明」「手引き」という項目で、各語の詳細な説明が書かれている。

しかし、この『手引き』は、外来語に関する「基本的な考え方」と「資料」を提供するものというところでとどまっており、『手引き』にはなんらの強制力もない。

実際、『手引き』は発行されたが、この『手引き』によって、現在日本社会の中に外来語を積極的に日本語に言い換えようという機運は生まれておらず、残念ながら『手引き』はほとんど無視されているといってもよいくらいである。

ただし、国立国語研究所の調査によると、日本語の「言い換え表現」を使うことには67・5％の日本人が「賛成」している。日本人の三分の二以上が「言い換え表現」を望んでいるという事実を重く受け止めるべきではないだろうか。

三．九鬼周造の「外来語規制論」～「要はただ実行にある」

『「いき」の構造』（一九三〇）の著者として有名な九鬼周造（一八八八～一九四一）は昭和一一年（一九三六）に「外来語所感」という随筆を書いている。外来語についてこれほどはっきりと否定している議論をほかに知らない。九鬼は、「挙国一致して外来語を排撃し、日本語を守るべきだ」と次のように言う。

『日本語を欧米の侵入に対して防禦することを私は現代日本人の課題の一つとして考えたい。満州へ軍隊を送るばかりが国防ではない。挙国一致して日本語の国民性を擁護すべきであらう。……外来語の整理、統制の問題はかくべつ調査や審議を要する問題ではない。要はただ實行にある。』（九鬼、一九八一、九五～九六頁）

そして、いちいち「調査や審議」も必要ない。「要はただ実行にある」のみ、と主張する。「実行」は「社会の指導層」である「学者と文士と新聞雑誌記者」の責任であると次のように呼びかける。

『日本人は一日も早く西洋崇拝を根底から断絶すべきである。殊に文筆の上で国民指導の位置にある学者と文士と新聞雑誌記者とが民族意識に深く目覚めて、国語の純化に努力し、外来語の排撃に奮闘し、社会の趣味を高きへ導くことを心掛けなければならない。』

（九鬼、一九八一、九九頁）

「外来語の排撃に奮闘し、社会の趣味を高きへ導く」と言っているように、九鬼は「外来語の氾濫」を「低俗」な現象としてとらえていた。「外来語の氾濫」は日本を低俗にするものだから、それを排撃するという極めて明確な対決姿勢を示している。これこそが現代の日本に欠けている姿勢ではないだろうか。

九鬼の外来語に対する対決姿勢は偏狭な国粋主義から発したものではなく、日本と日本文化の独自性への確信から発したものである。その確信は『「いき」の構造』にはっきりと表れている。

九鬼は、『「いき」の構造』において、言語と民族は不可分の関係にあり、民族の経験が言語に表れているから、ある言語のある語と全く同一の語はほかの言語には存在しないと主張する。つまり、各々の言語には独自性があり、翻訳しても同一の意味にはならないのである。「いき」という日本語はほかの言語に翻訳不可能なのである。

『要するに「いき」は欧州語としては単に類似の語を有するのみで全然同価値の語は見出し得ない。従って「いき」とは東洋文化の、否、大和民族の特殊の存在態様の顕著な自己表明の一つであると考へて差支ない。』

（九鬼、一九三〇、一二頁）

このように、言語と文化と民族の独自性を信じている九鬼にとって、日本語の中に英語やフランス語やドイツ語が入り込んでくることは耐えられないことだったのである。「日本語の独自性」を守るために、外来語は排撃しなければならなかったし、はっきりとした対決姿勢を示さなければならなかったのである。

「英語の氾濫」の解決策を考えるとき必要なのは、九鬼周造が示しているような日本語の独自性・固有性を表明する言語観に基づいた、はっきりとした対決姿勢と実行力ではないだろうか。

「要はただ実行にある。」

四．提案：「外来語規制法」（草案）
～日本語の尊厳と威信と生態系を守るために

政府はさまざまな「答申」「告示」また「手引き」等を出しているが、いずれも「英語の氾濫」に対して鮮明な対決姿勢を示しているものではない。それどころか、「よりどころにすぎない」とか「考え方を示しただけ」とか「資料を提供した」などと、いわば「腰が引け気味」で「遠慮がちな姿勢」ばかりが目立つ。

「ことばは人々のものだから、国家は立ち入るな」という自由主義的な考えが根強いせいだろうか、政府はなかなかはっきりとした対決姿勢を示せない。おそらく政府はいつまでたってもはっきりとした解決策を提示することはないだろう。

私はあえて「外来語規制法」を提案する。それほど「英語の氾濫」は深刻であるし、ここで思い切った対策をとらない限り、「英語の氾濫」は止まらないだろう。九鬼周造も言ったように「要はただ実行にある」のみである。日本語を守るために。日本と日本語の独自性を守るために。日本語の尊厳と威信を守るために。

立派な日本語があるにもかかわらず、英語をむやみに使っている現在の状況はあまりにもみっともない。「英語の氾濫」は、日本人の日本語に対する誇りの欠如の象徴である。日本に誇りを持っていない、日本語に誇りを持っていない、日本人に誇りを持っていないことの象徴である。日本と日本語と日本人への誇りを取り戻すために、断じて「英語の氾濫」を駆逐しなければならない。

「ことばを法律で規制するなどもってのほか」という意見が多いことは承知している。でも、あえて私は「外来語規制法」を提案する。

実際、前例もある。一九九四年、フランスは外来語の使用を規制する「トゥーボン法」を成立させ、社会の数多くの領域における外来語・外国語の使用を規制している。この法律は、実質的には、フランス語を英語支配から守るものである。フランス語の威信を守るためである。

もう一つの例は「外来生物法」である。これは日本の環境省が実施しているもので、外来生物の流入を防ぐための法律である。日本の自然生態系に悪影響を与える動植物を指定し、国内への流入を防ごうというものである。すでに二〇〇五年に成立している。

「外来語規制法」も同じ趣旨である。生態学的な視点で言うと、日本語と日本文化は日本の大切な「言語文化生態系」を形成しており、それが外来語・外国語により変化させられるというのは本来の「言語文化生態系」を乱すものであるので、これは避けなければならない。だから、この法律が必要になるのである。日本の「言語文化生態系」の安定のために「外来語規制法」は必要なのである。「外来語規制法」は私たちの貴重な言語環境を守るためのものである。

以下に私が作成した草案を提示する。

「外来語規制法」の草案を執筆する際、二つの原則を採用した。それは、すでに紹介した厚生省が一九九七年に発表した「厚生省作成文書におけるカタカナ語使用の適正化について」という通達に明記されているもので、以下の通りである。

第一原則：「できる限り日本語を使うこと」
第二原則：「できる限り外来語使用を避けること」

これを「外来語規制法」の二大原則として、草案を作成した。

外来語規制法（草案）

（前文）

現今の「外来語の氾濫」は、日本語によるコミュニケーションを混乱させ、わかりにくくしていると同時に日本語の威信をおとしめているほどである。国民の多くは

「外来語の氾濫」に困難と戸惑いを感じており、改善を求める声が上がっている。
日本語は日本の国語であり、日本文化の中核であり日本人の精神的支柱である。その日本語が「外来語の氾濫」にまみれていることを放置することはできない。
日本語によるわかりやすいコミュニケーションを保障し、国語としての日本語の威信を保ち、日本国民の日本語への誇りと愛着を高めるため、ここに「外来語規制法」を制定する。

（本文）

第1条　あらゆる公的コミュニケーションにおいて、できる限り日本語が使われなければならない。

第2条　あらゆる公的コミュニケーションにおいて、できる限り外来語・外国語の使用を避けなければならない。

第3条　私的コミュニケーションにおいても、原則として日本語が使われなければならない。

第4条　私的コミュニケーションにおいても、原則として外来語・外国語の使用を避けなければならない。

第5条　外来語の使用は、広く一般的に定着しているものに限定する。

第6条　広く一般的に定着していない外来語の使用はできる限り避ける。
第7条　広く一般的に定着していない外来語を使用するときは、必ず日本語の説明や言い換え表現を併用・併記する。
第8条　外国語の略語（ＷＨＯなど）を使用するときも、必ず日本語の説明や言い換え表現を併用・併記する。
第9条　外国人は日本国内ではできる限り日本語を使わなければならない。
第10条　日本で使われるあらゆる外国語に対して、日本人は日本語で知る権利がある。外国人は日本語で説明する義務がある。
附則　国立国語研究所編纂の『外来語言い換え手引き』（二〇〇六年発行）を附則として本法律に加える。外来語使用時のよりどころとしてこれを使うことを奨励する。
令和五年一月

第六章おわりに～日本が英語の植民地にならないために

九鬼周造がヨーロッパから帰国した昭和四年、日本にはすでに外来語が氾濫しており、九鬼は「まるで植民地のようだ」と言っている。現在の「英語の氾濫」をもし九鬼が見たら、一体なんと言うだろうか？　あきれて、何も言えなくなるかもしれない。

私があえて「外来語規制法」を提案するのは、まさに日本が植民地にならないためである。本章の冒頭の『英語の氾濫』の実態」で示したように、日本の特に「公共空間」～ショッピングモール、マスメディア、看板、会社名等～における「英語の氾濫」がおびただしいのが非常に心配であり、残念である。

「公共空間」で英語が支配的であるということは、英語が日本語よりも高い位置にある「上位言語」になっていることを意味し、日本語は英語に支配され、「二重言語社会」（ダイグロシア）になっていることを意味する。日本人がその点を認識せずに「英語の氾濫」を自ら生み出しているのは誠に残念である。

ことばとは精神であり、外国語に支配されるということは、外国に精神的に支配されるということである。それでは植民地の奴隷と同じである。私たちの精神の自由のために、私たちの尊厳のために、日本人は外来語をむやみに使わずに、日本語に誇りを持ち、その威信を保ち高めなければならない。

「外来語規制法」については賛否両論が出ることは必至である。現在は、「ことばは人々のもの。法律で縛ったり、国家が介入すべきではない」と考える人が多いだろう。しかし、「英語の氾濫」を放置しておいていいはずがない。日本文化の根幹であることばが乱れているのだから、その乱れを是正するために「法の下の秩序」を形成すべきではないだろうか。

引用文献

イルメダ・日地谷・キルシュネライト（一九九七）「ガイライゴノガイ」『視点・論点』（ＮＨＫ教育テレビ）六月二〇日放送
九鬼周造（一九三〇）『「いき」の構造』岩波書店
九鬼周造（一九八一）「外来語所感」『九鬼周造全集・第五巻』（九一〜九九頁）岩波書店
厚生省（一九九七）通達「厚生省作成文書におけるカタカナ語使用の適正化について」http://www.hourei.mhlw.go.jp/cgi-bin/t_document.cgi?MODE=tsuchi&DMODE=SEARCH&SMODE=NO
国語審議会（二〇〇〇）答申「国際社会に対応する日本語の在り方」（文部科学省ホームページより）
国立国語研究所「外来語」委員会編（二〇〇六）『外来語言い換え手引き』ぎょうせい
国立国語研究所「外来語」委員会「外来語の実態〜調査と解説」国立国語研究所「外来語」委員会編（二

〇〇六）『外来語言い換え手引き』ぎょうせい　二二九－二四九頁
塩田雄大（二〇一二）「放送の外来語～傾向と対策」陣内正敬他編『外来語研究の新展開』おうふう　一八五－二〇六頁
染谷裕子（二〇〇九）「言語景観の中の看板表記とその地域差～小田急線沿線の実態調査報告」庄司博史他編著『日本の言語景観』第六章（一四五～一七〇頁）三元社
内閣（一九九一）告示「外来語の表記」（文部科学省ホームページより）
山田雄一郎（二〇〇五）『外来語の社会学～隠語化するコミュニケーション』春風社

あとがき

本書の第一章「日本語肯定論〜日本語の五つの魅力」では、五つ目の魅力として、「日本人は単母音を左脳でうけとること」を紹介しましたが、これと関連して、本書の校正中に、とても刺激的な本に巡り合うことができました。アメリカの神経解剖学者であるジル・ボルト・テイラー氏による『奇跡の脳〜脳科学者の脳が壊れたとき』（二〇〇九、新潮文庫、竹内薫訳）という本です。

テイラー氏は、三七才の時に脳卒中に襲われ、その体験を通して、「左脳」と「右脳」の違いを明らかにし、特に現代において、言語中心の「左脳」過剰の生き方と社会の在り方を指摘し、対照的に「共感」や「思いやり」を生み出す「右脳」の役割の重要性を主張するようになったのです。この本で、テイラー氏は、「右脳」と「左脳」について次のように説明しています。

『右脳はとにかく、現在の瞬間の豊かさしか気にしません。それは人生と、自分にかかわるすべての人たち、そしてあらゆることへの感謝の気持ちでいっぱい。右脳は満ち足りて情け深く、慈しみ深い上、いつまでも楽天的。右脳の人格にとっては、良い・悪い、正しい・間違いといった判断はありません。

これを右脳マインドと呼ぶことにしましょう。』

（テイラー、二二六頁）

そして、「左脳」について次のように説明しています。

『左脳のキャラクターは、あらゆるものを分類し、組織化し、記述し、判断し、批判的に分析する能力を誇っています。左脳はいつも熟慮と計算によってうまく立ち回ります。口が動いていてもいなくても、左脳マインドは理論化し、合理化し、記録化するために忙しなく働いています。』

（テイラー、二三一頁）

「左脳」は「言語脳」といわれ、「右脳」は「芸術脳」と呼ばれると聞いたことがありますが、この二つの説明はそれと符合しています。

すると、「虫の音」さえも「左脳」で受け止めてしまう日本人は「左脳」の使用が過多になっているのではないかと感じてしまいました。日本人は「左脳型」民族なのでしょうか？

しかし、日本人の感性やコミュニケーションはその逆で「右脳型」であると思います。本書でも紹介したように、日本語は「共感志向」であることがその典型的な例です。そして、「和」の思想や「以心伝心」、「阿吽の呼吸」を重んじてきた日本人は、言語の使用よりも、言語以外の要素を「読み取る」ことを実践してきたのです。ただし、これらの貴重な伝統が、近代化と西洋化の影響で、「言語中心」と変わってきているのも事実です。

だからといって、「「虫の音」を左脳で聴きとるのは、日本人が「左脳型」である」とはいえないと思います。なぜなら、第一章の図1にもあるように、日本人の脳の働きでは、「言語」と「非言語」を分けていません。「言語」と「自然音」「感情音」を分けずにすべて「左脳」で受け止めています。そして、図の下には「心」と記し、「理性」「感性」「自然」と列挙し、日本人の心は「理性」「感性」「自然」を区別せずすべて包含していることを示しています。この「理性」「感性」「自然」に境界を設けずに、すべて包含することが「右脳」の特徴なのです。さまざまな音を分類せずに、すべて意味ある音として「左脳」に処理させているのは日本人の「右脳」の作用なのではないかと私は考えています。

日本の歴史を振り返ると、世界最古の長編小説『源氏物語』は千年も前に書かれており、そこに描かれている「もののあはれ」の感覚は日本人の心を形作り、今日までつながっています。光源氏は数々の恋愛を経験しますが、その良い・悪いは問われず、ただ「もののあはれ」という現実を描いている感性が「右脳マインド」といえるのではないでしょうか。

このように本来の伝統的な日本人の脳の働き方は、私は「右脳」中心であったと考えます。これが、明治維新以降の西欧文明の影響で「左脳化」してきたと考えられます。

大事なことは、ほんらいの「右脳中心」の「日本人の脳」を維持することです。「一を聞いて十がわかる」「以心伝心」のコミュニケーションを復活させることです。いちいち「愛してる」などということはもともと日本人は言わなくとも「情」は伝わっていたことを思い出すことです。

「右脳」には無限の可能性が潜んでいる。「右脳」には「感謝」「人情」「慈悲」「楽観主義」があふれていると、ジル・ボルト・テイラー氏も言っています。

「右脳」中心だと確実に「前向き」「肯定的」になれます。

「あいまいでやさしい日本人」は、元来「右脳」民族なのではないでしょうか。

本書の第五章「英語支配と日本語の安全保障～日本語を守るために何をすべきか」は、令和四年七月九日に開催された日本国史学会での講演の原稿に若干手を入れたものです。その前日の七月八日に安倍晋三元総理が銃撃により暗殺されたので、私は本当にいたたまれない気持ちで講演を行ないました。一国の元総理が暗殺されるとは重大な「日本の危機」であると感じました。

本書では、私は「グローバリズム」を厳しく批判しています。安倍元総理も、移民受け入れ政策や観光立国政策を推進したので、グローバリスト的な面が確かにあり、その点は私は納得していないのですが、一方で、外交においては、トランプ米大統領と非常に親密な関係を築き、また、「日米豪印四か国戦略対話」——通称「クアッド」(QUAD(Quadrilateral Security Dialogue))という国際的な安全保障の枠組みを提唱し、二〇一九年に発足させるという大きな功績を成し遂げています。これは「自由と民主主義」という共通の価値を共有する四か国が、「自由で開かれたインド太平洋」の実現のために立ち上げた体制であり、これからの世界の平和と安定を築く重要な枠組みです。トランプ大統領はこの功績を称え安倍氏に勲章を贈っています。安倍氏はそれほどの偉業を成し遂げたのです。

安倍晋三元総理の偉大なる功績を称えるとともに、ご冥福を心からお祈り申し上げます。

最後に、本書の出版はさまざまな方々のご支援とご協力により可能になりました。

第三~五章は、三つの講演を基にしております。第三章の講演は、当時筑波大学教授だった一二三朋子氏のご尽力で開催することができました。第四章の講演は、茨城県稲敷市で開催した生涯学習講座におけるもので、この講座の開催・運営には、当時稲敷市教育長だった坂本繁氏と稲敷市生涯学習課の皆様からの多大なるご支援をいただきました。そして、第五章の講演は、日本国史学会で行われたもので、同学会代表理事の田中英道東北大学名誉教授、同学会事務局長の久野潤日本経済大学准教授、そして事務局の荒井南帆氏に大変お世話になりました。この場を借りて、皆様方に厚く御礼申し上げます。

さらに、今回出版をお許しいただいた啓文社書房社長漆原亮太氏に心からの御礼を申し上げます。また、啓文社書房編集部の河西泰氏にもたいへんお世話になりました。心よりの御礼を申し上げます。

令和五年一月

著者

引用文献

ジル・ボルト・テイラー（二〇〇九）『奇跡の脳～脳科学者の脳が壊れたとき』（竹内薫訳）（新潮文庫）

〈著者紹介〉

津田幸男（つだ・ゆきお）

1950年神奈川県生まれ。筑波大学名誉教授。
長崎大学助教授、名古屋大学教授、筑波大学教授を歴任。
南イリノイ大学大学院スピーチ・コミュニケーション学科博士課程修了
（Ph.D. in Speech Communication, 1985）.

〔主な著書〕
Language Inequality and Distortion（1986, John Benjamins Publishing Company, オランダ）。
『英語支配の構造』（1990、第三書館）
『侵略する英語 反撃する日本語』（1996、PHP研究所）
『グローバル・コミュニケーション論』（共編著）（2002、ナカニシヤ出版）
『英語支配とは何か』（2003、明石書店）
『英語支配とことばの平等』（2006、慶應義塾大学出版会）
『日本語防衛論』（2011、小学館）
『日本語を護れ！』（2013、明治書院）

日本語肯定論 ――〈否定〉から〈肯定〉への意識改革

■発行日	令和5年2月15日　第一刷発行
■著者	津田幸男
■発行者	漆原亮太
■発行所	啓文社書房 〒160-0022　東京都新宿区新宿5-7-8　ランザン5ビル5階 電話03-6709-8872
■発売所	啓文社
■装丁・DTP	関谷和美
■印刷・製本	光邦

ISBN 978-4-89992-083-0　C0095　Printed in Japan

クライテリオン叢書　創刊の辞

表現者クライテリオン編集長　藤井　聡

グローバリゼーションに伴う世界的な国家の溶解と各地の戦争とテロの拡大、国内では20年を超えるデフレとそれに伴う格差・貧困の拡大と、あらゆる伝統文化の蒸発、それらに伴う急激な国力低迷とそれを背景とする周辺領土問題の深刻化、そして追い打ちをかけるように我が国に襲いかかるパンデミックと巨大自然災害――どれ一つとってみても我が国は今、20世紀にはほとんど想像もできなかった深刻な数々の危機に直面している。

『クライテリオン叢書』はまさに、こうした数々の現実の深刻なる危機と対峙し、乗り越えんことを企図して刊行されるものである。

危機無き時代には昨日行ってきたものを今日そのまま行ったとしても大過はない。しかし危機の時代には、一人一人の国民、一つ一つの地域、そしてこの日本国家が如何に判断し、振る舞うべきかを考え成すべきを成さねば、瞬く間にその精神は溶解し滅び去る。

かくして我々は今、それぞれの状況に相応しき判断と実践のための「クライテリオン」（規準）を考え、探し続ける実践的なる思想、ならびにそれを踏まえて展開される思想的なる実践を循環させ続けねばならぬ事態に至っている。

本叢書は、今日的なあらゆる危機（*cri-sis*）を乗り越えるためのクライテリオン（*cri-terion*、規準）を探し求める実践的なる批評（*cri-tique*）を全面展開するという大方針の下創刊された保守思想雑誌『表現者クライテリオン』の思想的実践的運動の一環として、その思想をより幅広く、そしてより長期にわたって国民に共有せんことを企図して刊行されるものである。もちろん、こうした社会的、実践的かつ思想的な批評活動によって何がどう変わるのかを推し測ることなど誰にもできない。しかし我々が誇り高く生きんとする心がある限り、「逆境であればこそ希望の炎が立ち上がる」との逆理が誰の内にも立ち現れることだけは確かである。であるなら我々はその炎をいかにして重ね合わせ、灯し続けることができるかを思想的かつ実践的に考え続けねばなるまい。そして、時宜を得た時には一気呵成に大きな火炎を巻き起こし、それぞれの危機を乗り越える生の実践を全力で模索せねばなるまい。繰り返すが、もちろんその帰結がいかなるものとなるのかは分からない。しかしだからこそ、その思想と実践を駆動する「希望の炎はより大きく立ち上がる」のである。

こうした思想的実践運動、実践的思想運動の試みが僅かなりとも奏功することを心から祈念したい。そしてそのためにも読者各位におかれては本叢書を末永くご支援頂き、ここに企図する運動にご参画賜らんことを平に御願い申し上げる次第である。